話し方は「声」で変わる

はじめに

世の中を見わたすと、スキルや能力はそれほど変わらないのに、契約・商談・プレゼンといった「ここ一番」という場面で成功する人もいれば、そうでない人もいます。就活面接もしかり。スキルや能力はほとんど同じなのに、面接官に好感を持たれる人とそうでない人がいます。


この差はいったいどこからくるのでしょう？

企画力や段取りのわずかな差？　説得力や交渉術のわずかな差？

就活面接ならば外見でしょうか？　学歴でしょうか？

数え上げたらキリがありませんが、1つの大きな要因として「声の出し方」、すなわち声が聞き取りやすいか、声が聞き取りにくいかが関係しているというのが私の持論です。


面接を例に出すと、緊張のしっぱなしで早口でしゃべる、無表情でしゃべる、小さな声でモゴモゴとしゃべる、「ブツ、ブツ、ブツ……」と細切れでしゃべるというようなことがあります。

これだと相手への訴求力も半減し、相手からの印象も悪くなります。コミュニケーションにも支障をきたすようになります。

それゆえ「ここ一番」という場面でチャンスを逸《いっ》してしまうわけです。


そういう人でも、自分にとって一番好ましい声の状態をあらかじめ知っておけば、その声を「本番」で出すことで、緊張感を大幅に緩和することができると同時に、訴求力のある話し方で相手の心を動かすことができるようになります。

しかも、好ましい声がいつも出せるようになれば、自分に自信が持てるようになるため、心の状態もポジティブになり、それが仕事や人間関係にも好影響をおよぼすようになります。今までわずかな差で失敗をしてしまった人が、大差で勝利をおさめることができるようになります。

そのための方法を簡潔・明解に説いたのがこの本です。


まず第1章では、自分の声のどこに問題があるかを知ることで、最良の声を出すためのウォーミングアップ法について解説します。

第2章では、最良の声を出すための発声レッスンについて、かなりのページ数を割いて解説。最短・最速でマスターできるようにしました。

第3章では、第2章で述べたことを踏まえ、最良の声をさまざまなビジネスの場面でどう生かすかについて解説していきます。

第4章では、声が決め手の電話応対で生かす方法についても言及しました。

いずれにしても、この本を最後までお読みいただければ、声に対する悩みやコンプレックスといったものが消えると同時に、トップセールスパーソン、できるビジネスパーソンを目指す人にとって不可欠なスキルが習得できるものと確信しています。

そして、私からあなたにお願いがあります。

この本で記してあることを「すなお」に実践してほしいのです。

ただ、それは世間一般が言うところの「すなお（素直）」とはちょっと異なります。

私が言う「すなお」とは、

「す」……すぐに、
「な」……（この本で）習ったことを、
「お」……思い切ってやる。

という意味です。「すぐに、習ったことを、思い切ってやる」ことで、いち早く自分の声の素晴らしさに気づき、自信を持って声が出せるようになります。

それによって、これからの人生に勇気と希望が持てるようになります。

あなたの「声」は世界で1つしかない自分だけの宝物。

これは磨けば磨くほど輝くダイヤモンドの原石とまったく同じ。

さぁ、これから私と一緒に声を磨く旅に出かけましょう。

そして、近い将来、仕事で劇的な成果を生み出すきっかけが、この本によってもたらされ、その効果を実感していただければ、筆者にとってこれに勝る喜びはありません。

島田　康祐

目次

話し方は「声」で変わる

「心」と「声」は密接につながっている

第1章　自分の本当の声に気づくための準備運動

第2章 自分の本当の声を定着させる「発声レッスン」

第3章 営業・接客・面接・会議・プレゼン……での声と話し方

第4章　これだけ変わる！　電話応対での声と話し方

プロローグ

「心」と「声」は密接につながっている

失敗してしまう話し方

「エッ？」とよく聞き返されるのはなぜか？

ビジネスシーンにおいて、私たちは大なり小なりいつも誰かと会話をしています。

職場の上司・先輩、同僚・後輩・部下、得意先の人、お客様、出入り業者の人……。

そこで、まずはあなたにお尋ねします。

「プレゼンの用意はほぼ完了しました。あとは先方にアポを取るだけです」といったような言葉を上司に告げたとき、上司から「エッ？」と聞き返されることはありませんか。

「この商品は期間限定販売で、在庫はもうここにあるだけなんです」といったような言葉をお客様に伝えようとしたときも、お客様から「エッ？」と聞き返されることはありませんか。

あるいは、同僚と会話したときのことを思い出してください。

「今日は暑いね（寒いね）」

「連休はどこかに遊びに行くの？」

こういった言葉を何げなく口にしたとき、同じく「エッ？」と聞き返されることはないでしょうか。

いかがですか？　思いあたるフシがあるのではありませんか？

では、なぜ「エッ？」と聞き返されるのか。

それは相手にとって、**あなたの声が聞き取りづらい**からにほかなりません。

こう言うと、この本を手にしたばかりのあなたは凹《へこ》んでしまうかもしれませんが、あなたをいじめるつもりでこんな質問をしたのではありません。

逆に言えば、あなただって誰かと会話をしているとき、「エッ？」と聞き返すことがしばしばあるはずです。

それもまた、あなたにとって相手の声が聞き取りづらいからなのです。

聞き取りづらいというのは、言い換えると、**あなた（相手）の声が本来の声ではない**からなのです。

つまり、本当の自分らしい〝最良の声〟でしゃべっていないということなのです。

聞き取りづらい声

あなたの声が聞き取りづらいのは「心の状態」が関係している

聞き取りづらい声というのは、具体的にどういう声の状態を言うのでしょうか？
思いつくままザッと挙げただけでも、こんなにあります。

■小さな声
■か細い声
■暗い声
■鼻声
■ダミ声
■モゴモゴとこもる声
■甲高《かんだか》い声

■うるさい声
■息苦しい声
■かすれた声

実は、これらの声に共通しているものがあります。

それは「心の状態」です。

そう、あなたの心の状態がそのまま声に反映されているのです。

たとえば、商談で大きな契約をまとめなくてはならないときのことを思い起こしてみてください。

そういうときは誰でも緊張します。「もし、商談がまとまらなかったらどうしよう」という不安でいっぱいになりますよね。

とにかく、頭の中はプレッシャーでいっぱい。そのため、いざ商談を迎えると、言いたいことが頭の中で整理できなくなる……。緊張のあまり、呼吸も浅くなる。早口でしゃべろうとする……。

だから、個人差もありますが、おのずと小さな声・か細い声・モゴモゴとこもった声になってしまう……。

結果、相手も聞き取りづらくなり、「エッ？」と聞き返すようになるのです。

声とコミュニケーション

声が聞き取りづらいとあなたの印象も悪くなる

相手から聞き返されるのには、次のようなパターンがあります。

「今月は何としてでも営業ノルマを達成しないと、あとがない。この契約をまとめないと……」といったような焦燥感にかられたときがそう。

こういうとき、頭の中はとにもかくにも契約をまとめることしかありません。だから「押せ押せ」の一点張りのトークで、相手を急《せ》かそうとします。

すると、どうしても強い口調にならざるを得なくなり、甲高い声やうるさい声になってしまいます。

こうした声も考えもので、聞かされる人によっては騒音のように思えてきて、聞き取りづらくなります。

ましてや、相手が契約内容を真剣に検討しているときに、矢継ぎ早にそれをやられようものならどうなるか。たいていの人は、あなたの話を聞く気も起きないかもしれません。

これですと相手に伝わるものも、うまく伝わらなくなります。訴求力も激減し、印象も悪くなります。結果、**コミュニケーションは破たん**して商談もまとまらなくなってしまうのです。

これは何も、商談に限ったことではありません。

プレゼンでいつも失敗する人、営業成績が低迷しているセールスパーソン、面接でいつも落とされる就活生といった人たちも、「自分の声の出し方――声の状態」に問題があり、それは心の状態が反映されたものにほかならないのです。

声の重要性

人は「話の内容」よりも、その人の「声」を重視する

ビジネスシーンを見わたすと、同じ商品を売り込もうとしたり、同じサービスを提供しようとして、みるみる営業成績を上げる人もいれば、そうでない人もいます。

この差はいったいどこからくるのでしょうか。

実はこれ、声による**「ハロー効果」**が少なからず関係しています。

ハロー効果とは、人や物事を評価するとき、第一印象がプラス（マイナス）だと、そのほかのことに対してもプラス（マイナス）の評価を抱くようになる、人間独特の心理的な作用のことを言います。


わかりやすい例を出して説明しましょう。

たとえば、あなたがレストランに行ったとします。

まず、乾杯のあと、ワインを口にしたら、とても美味しかった。前菜も申し分のない味。すると、そのあとに続くスープやメインの料理も美味しく感じ、そのお店の料理全体に好印象を抱くようになった……というような体験はありませんか。

逆に、ワインも前菜の味もイマイチ。そうしたら、そのあとに続くスープやメインの料理もイマイチでさしたる感動はなかった。だから、レジで会計をすませたあと「また来るのはやめよう」と思った……というような体験はありませんか。

同じことは人との会話においても言えます。

車を買い替えようと思っていた矢先、セールスパーソンが訪ねて来たとします。

「はじめまして、□□の田中と申します」という第一声が、明るくハリのある声だったので、自分の心に気持ちよく突き刺さった。表情もとてもにこやか。そういうときって、とりあえずそのセールスパーソンの話を聞いてみようという気になりますよね。

そして、新車のカタログを受け取ったら、にこやかな表情はそのままで、今度はやわらかな声でとても丁寧に説明を始めてくれた。ここでも好印象！

そうなると、別れ際には「新車を購入するなら、あの人から買おう」という気持ちになってしまいます。

逆に、「はじめまして、□□の田中と申します」という第一声が、小さくこもっていて、表情もどことなく暗かったとしたらどうでしょう。

話を聞いてみようという気にはなりませんよね。

百歩譲って、カタログを受け取って話を聞いたとしても、小さくこもった声で説明を受けたら、うんざりしてくるだろうし、「この人から買おう」という気にはならないはずです。

そうです。**人は「話の内容」よりも、その人の「声」を重視する**のです。

そして、声と表情（心の状態）は相関関係にあり、心がプラスの状態だと人から好かれる声になり、マイナスの状態だと人から敬遠される声になる。それが仕事の成果にも大きな影響をおよぼすようになる。

まずは、このことをしっかり頭の中に入れてほしいのです。

ただ、こう言うと、あなたのこんなつぶやきが聞こえてきそうです。

「人は話の内容よりも声を重視するというが、自分の声質は生まれ持って備わったものだから、今さら変えようがない」

「声は心の状態が反映されたものだというが、自分の場合、落ち込んだときなど、そう簡単に心をプラスに切り替えることなんてできない」

しかし、心配は無用です。詳しくは、このあと、順次お話ししていきますが、ほんの少しのトレーニングを行うだけで、あなたは瞬《また》く間に最良の声が出せるようになり、最良の声を出すことで心までプラスの状態に切り替えていくことが可能になるのです。

声の変化

今のあなたの声は「本当のあなたの声」ではない

「自分の声質は生まれ持って備わったものだから、今さら変えようがない」

こう思っている人は、今、しゃべっている声が本当の自分の声だと勝手に思い込んでいます。

でも、それは思い違いもいいところ。今、しゃべっているあなたの声は本当のあなたの声ではない。あくまで後天的なものであると断言しておきます。

考えてもみてください。私たちは誰もが、この世に生を受けた瞬間、オギャーと病院中に響きわたるような元気な産声《うぶごえ》を上げて生まれてきました。純真無垢《むく》でハリのある声です。

でも、5年、10年と経つにつれ、声の出し方も変化していきます。大きな声でしゃべるようになる人もいれば、小さな声でしゃべるようになる人もいるといったように……。

その1つの大きな要因として**「生まれ育った環境」**が関係しています。

たとえば、広々とした田舎で生まれた人は、お昼時ともなれば「ご飯だよ～」と、屈託《くったく》もないのびのびとした大声で、農作業をしているおじいちゃんを呼びに行きます。

そういう大きな声が出しやすい環境で育てば、おのずと普段しゃべる声も大きくなります。

これに対し、家が密集している都会で生まれた人は「そんな大きな声を出したら近所迷惑でしょう。苦情がきたらどうするの」と家族から言われ続けるため、自然とふだんからしゃべる声も小さく、か細くなります。

もっと極端に言えば、両親が共働きのため、いつも留守番。友達とほとんど遊ぶことなく、いつも独り部屋で過ごしていたらどうなるか。推して知るべしです。

つまり、生まれた瞬間の産声は同じであっても、生まれ育った環境によって、声の質は良くも悪くも変わっていくのです。

声とストレス

今のあなたの声はこれまでの人生によって変わってしまう

声の変化は生まれ育った環境だけにとどまりません。

たとえば、生まれ育った場所が田舎で、大きな声でしゃべる人であっても、中学に進学して、そこでもし、いじめにあったらどうなるでしょう。

おそらく、いじめにあったことがトラウマとなり、声も小さく、暗く、か細くなったりするかもしれません。人によってはモゴモゴとこもるような声の性質になることもあり得ます。

あるいは、学生時代は順風満帆にやってこられたとしても、社会人になったとたん、連日のように上司から「なんだ！　この営業成績は！」「きみは会社の役に立っていないな」というような罵声《ばせい》を浴びせられ続けたらどうなるでしょう。

ストレスは溜まりに溜まり、自信も喪失。声のハリはなくなり、これまた小さく、暗く、か細くなり、ついにはストレスで声が出なくなることもあるのです。

もちろん、逆のケースもあります。どちらかと言うと、暗くて、モゴモゴとこもる声だったのに、少年野球の監督を引き受けたとたん、大きく、ハリのある、トーンの高い声に変わったという人が私の身近にいます。

おしなべて言うと、今あなたが発しているその声は、**これまでの人生の現れ**なのです。

小さな声だとしたら、か細い声だとしたら、暗い声だとしたら、モゴモゴとこもる声だとしたら……それはストレスやトラウマによる〝いたずら〟以外の何ものでもないのです。

そう、今のあなたの声は本当のあなたの声ではない。

本当のあなたはもっともっと素晴らしい声をしている。

他人を魅了するだけの声質を持って生まれてきた。

しかも、本来の素晴らしい声、他人を魅了する声質は、これから述べるちょっとしたトレーニングで、いとも簡単にフィードバックできるようになる。

まずはそのことに、ぜひとも目覚めてください。

間違った声の出し方

「声」にマニュアルは必要ない！

多くの人は、自分の今の声が本当の自分ではないという真実に気づこうとはしません。

いや、この真実を惑わそうとするものに妨害されているといったほうが正解でしょうか。

たとえば、就活生を対象にした面接の受け答えのマニュアルがその典型です。

マニュアルの中には、「声のトーンは2音高くしなさい」「3000ヘルツの周波数の音を含む声を出すように努めると、通る声になり、面接官の印象も良くなる」といったように、全員に画一的な指導をしているものもあります。

でも、そんなことをしても、いい声なんか出せるはずがありません。声帯の長さも、大きさも、骨格も人によってまちまちなので、声のトーンは人それぞれ違うのが当然だからです。

なかには「胸を張って顎《あご》を引いて、硬直して真面目そうに話しなさい」とレクチャーするところもあります。これなどは私に言わせれば言語道断もいいところ。

就活生にしてみれば、面接に臨むだけでも緊張します。しかも、面接官に自分をアピールしなければなりません。まさにドキドキの連続。そんなとき、胸を張って顎を引いて、硬直して真面目そうに話したら、どうなるか。心身ともに硬くなり、声が出づらくなるのは目に見えています。

だから、そういう情報に惑わされている就活生に対して、私は「胸を張って必要以上に顎を引くことなんかありません。姿勢の重心を足の親指にそれぞれしっかりと乗せて前に置いたほうが自然体でしゃべれるようになりますよ」とアドバイスするようにしています。

つまり、マニュアルに固執することなんかないのです。

100人いたら100通りの声の出し方があるのです。

だから、極端な話、大きな声であっても、多少口ごもり気味でもいいのです。

それも、その人の個性。個性を生かした形で、自分らしくストレスのない状態で、心のバランスと調整を図りながら、**自分にとって一番好ましい声を出す**ように努める。これがもっとも大切なことなのです。

一般的に好かれる声

相手にとって聞きやすく、好かれる声とは？

自分の本当の声を出すとはいうものの、聞き取りづらい声・好ましくない声があるとしたら、聞き取りやすい声・好ましい声があるのも事実です。

あくまで一般論ですが、聞き取りやすい声・好ましい声というものをいくつか挙げておきましょう。

一般的に言われる「好かれる声」の特徴

■力がある声

声量があると、物事の伝わり方が格段と良くなります。

■明るい声

性格も明るくなり、他人にパワーや元気を与えます。

■よく通る声

呼吸と発声がしっかり連動している証拠です。

■響く声

響く声は、相手がうっとりとつい聞き入ってしまうので、説得力や癒される効果もあると言われています。

■やわらかな声

やわらかく話すことを意識すると、相手に緊張を与えず、好感が得やすい包容力のある声として、とても有効です。

しかし、繰り返し言うように、100人いたら100通りの声の出し方があるので、これらはあくまで目安・参考として、自分にとって一番好ましい声の状態を知り、それをいつも口に出すように心がければいいのです。

声と私について

私がNHK受信料開拓営業で全国トップ3に入った理由

ここで、少しだけ私の話をさせてください。

私は中学生のとき、3年間、ずっといじめられていました。

しかし、音楽の先生が私の声や音楽のセンスを褒めてくださり、生きる勇気や自分の存在価値を保つことができました。

そういうこともあって、高校卒業後は東京音楽大学（声楽専攻）に入学。卒業後は聖徳大学大学院へと進みました。

声楽の道を極めたかったから？　それも少しはありますが、理由はほかにもありました。本当は音楽の教師になりたかったのです。しかし運が悪いというか、大学の卒業のときに地元北海道での音楽教員採用枠がなかったのです。この状況は大学院の修士課程を修了するころも変わりなく、やはり採用枠はありませんでした。

「それならば……」と、私は海外へ留学することを考え、留学費用を貯めるべく、ＮＨＫの新規受信料開拓営業の仕事を始めることにしたのです。

住宅街、工事現場、自衛隊基地の周辺……どれだけいろいろなところを回ったことでしょう。とくに自衛隊基地の周辺を回るときなど、飛行機が行き交うため、大きな声を出さざるを得なくなります。

でも、よく通る声が災いすることもあり、アパートなどを訪問して説明していると、ご近所にも内容が筒抜け。「あっ、ＮＨＫの受信料の人が来た。次はウチに来る」と察知されたのか、居留守を使われることもしばしばありました。

しかし、不思議なことに私の成績はうなぎ登りだったのです。

「なぜだろう？」

自分なりにいろいろ考えるうちに、ある事実に気がつきました。

冒頭でも述べましたが、訪問先の人と会話をしているとき、**「エッ？」と聞き返されることが一度もなかった**のです。

むしろ、自衛隊基地の周辺を回ったときなど、飛行機の音で「こんなにうるさいのに、あなたの声は聞きやすいね」と言われたこともあるくらいです。

その瞬間、私はこう思いました。

訪問先の人から「エッ？」と聞き返されたことが一度もない。

騒音極まりない環境の中でも「あなたの声は聞き取りやすい」とも言われる。

これは大学で声楽を専攻し、お腹《なか》から声を出す訓練をしていたからではないか。

よくよく考えてみると、訪問先でお客様と会話をしているときは、いつも腹式呼吸（この重要性については第2章で解説）を心がけていました。

いや、心がけているというよりも、習慣として染みついていたと言ったほうが正しいでしょうか。

とにかく、これに気を良くした私は、その後も「この（声の）状態にさらに磨きをかけよう」と、なりたい自分、すなわち受信料の新規開拓営業で次々と成果を上げている自分をイメージしながら、自分にとって一番好ましい声を「本番」で出すように努めました。

その結果、ＮＨＫ新規受信料開拓営業で、全国トップ3を退職まで果たし続けることができたのです。

自信の持てる声

あなたの本当の声を知れば、仕事のパフォーマンスも上がる

ＮＨＫ新規受信料開拓営業のあと、私はプルデンシャル生命保険にヘッドハンティング

していただき、転職を決意して入社しました。そして、フルコミッション営業マンとして働くようになりました。こうしていつしか海外留学を断念、現在はこれまで約10年間、営業で経験したことを生かして、自分が自分らしく生きるためにヴォイストレーニング事業をメインとして活動するようになりました。

北海道から沖縄まで全国各地の小中高の合唱教育を指導・サポートするほか、経営者やビジネスマンを対象とした話し方やテレアポ・プレゼンスキル、就活生の面接などのヴォイストレーニングする個別指導を始めたのです。

自分自身の体験をもとに、自分の本来の声を知り、心の状態を安定させて、声の出し方を変えるだけで仕事のパフォーマンスが劇的に上がることに確信を抱いた私は、そのことを大勢の人たちに伝えたかったからです。

すると、これがものすごく好評で、私のもとにはうれしい報告が数多く寄せられるようになりました。

「同業者がひしめく中、プレゼンが一発で通りました」

「営業成績最下位だったのが、みるみるアップし、トップに躍り出ることができました」

「商談で億の契約をまとめることに成功しました」
「お客様から電話の応対が別人のように良くなったと褒められました」
「面接で緊張することなく受け答えができるようになり、第一志望の会社から内定の通知をもらうことができました」

などなど。

念のために申し上げておくと、私はこの人たちに取り立てて難しいことをレクチャーしたわけではありません。

むしろ、いたってシンプル。自分にとって一番好ましい声の状態を知ってもらい、それを「本番」で口に出せるように指導しただけです。

前にも述べたように、私たちはみんな元気な産声を上げて生まれてきました。

しかし、生まれ育った環境やその後の生活環境など、後天的な影響によって、声の質も変わるようになりました。

聞き取りづらい声、仕事に支障をきたす声を出すとしたら、その際に受けたストレスやトラウマによるもの。それが尾を引き、心の状態として反映されたものにほかなりません。

しかし、自分にとって一番好ましい声の状態を知れば、ストレスやトラウマにブレーキをかけることができます。

さらには、緊張感が大幅に緩和します。

緊張感が大幅に緩和すれば、心身ともにリラックスし、自分のペースでしゃべれるようになり、コミュニケーションも円滑に図れるようになります。

そして、これがもっとも重要なことですが、**自分に自信が持てる**ようになります。

自分に自信が持てるようになれば、心もそれに同化するようになり、積極的に考え、積極的に行動できるようになります。

つまり、プラスの連鎖が起こり、仕事や人間関係全般に好影響をおよぼすようになるのです。

声の考え方

声が変われば心が変わり、人生も変わる

私がプルデンシャル生命で教えていただいた大好きな言葉があります。

考えが変われば、行動が変わる。

行動が変われば、習慣が変わる。

習慣が変われば、性格が変わる。

性格が変われば、人格が変わる。

人格が変われば、人生が変わる。


これは名言と言っていいでしょう。

しかし、理屈ではわかっても、最初の一歩、すなわち心を変えることはままなりません。

考えてもみてください。


今月も営業ノルマが達成できず、上司から罵声を浴びせられた……。

電話営業しても、誰からも相手にされず、すぐにガシャンと切られてしまった……。

あれだけ周到に準備したのに、今回もプレゼンが通らなかった……。

また、面接の受け答えでとちってしまった……。

そういうとき、瞬時に気持ちをパッとプラスに切り替えられますか。

無理ですよね。「どうせ、次もダメに決まっている……」という失望と落胆の気持ち、落ち込んだ気持ちを引きずったままではないでしょうか。

ということは、いつまで経っても、最初の一歩である「心を変える」ことは不可能ということになります。

そこであなたに提案します。「考えが変われば」の前に「声が変われば」というワンセンテンスを加えてみてはどうでしょう。

そうです。**「声が変われば、考えが変わる」**をモットーにするのです。

前述したように、自分にとって一番好ましい声の状態を知れば、自分に自信が持てるようになります。自分に自信が持てるようになれば、心もそれに同化するようになり、積極的に考え、積極的に行動できるようになります。

しかも、心を変えることは難しいけれど、声を変えることはけっして難しいことではありません。

詳細はこれからお話ししていきますが、私が独自に編み出した発声調整法を行えば、誰でも最良の声を出すことが可能になります。それも数日、いや人によっては数時間で……。

そして、瞬く間に心に好影響をおよぼしていきます。

ウソか本当か、だまされたと思って、とにかくこのあとも読み進めてください。

そして、自分にとっての最良の声に気づいていてください。

それをビジネスの現場で生かしてください。

そうすれば、仕事で劇的な成果を生み出すことができるようになり、意識しなくても、心が変わる自分に気づいていくはずです。

いや、心だけではありません。日が経つにつれ、態度も習慣も行動も変わっていく自分が認識できるようになるはずです。

さぁ、あなたの最良の声を出すためのトレーニングの始まりです。

第1章

自分の本当の声に気づくための準備運動

あなた自身の声とは

自分の声が嫌いな人は8割

２０１５年、世の中の話題や気になるネタを独自に調査するニュースサイトの「しらべぇ」が「録音した自分の声が好きですか？　嫌いですか？」というアンケート調査を行ったことがありました。

すると、「嫌い」と答えた人は、全体の7割以上にのぼるという結果が出ました。

男女別のデータで見ると、男性の68パーセント、女性の78パーセントが、自分の声が嫌いだというのです。

いや、このデータなどはまだいいほうです。音楽ジャーナリストの山崎広子さんの調査によると、**8割の人が自分の声は嫌い**だと言います。

あなたの場合はどうでしょうか。

自分の声は好きですか？　嫌いですか？

やはり、「嫌い」と答える人のほうが圧倒的に多いのではないでしょうか。

なかには、

「改めて自分の声を聴くと、ゾクッとする」

「これが自分の声かと思うと、嫌悪感すら覚える」

という人もいるくらいです。

でも、これは普通の人に限ったことではありません。声を生業《なりわい》とするプロの歌手の中にも、初めて自分の声を聞いてショックを受ける人が少なからずいるようです。

たとえば、ビートルズのメンバーだったジョン・レノンもその1人です。

ジョン・レノンは少年時代にロックンロールを歌う自分の声をテープで初めて聞いたとき、そのひどい声に愕然《がくぜん》としたと言います。

実際、後年、彼は伝記の中で次のように語っています。

「自分の細い声が嫌いだった。コンプレックスだった。ニルビス・プレスリーのように分厚くて、丸みを帯びた流動感のある声になりたかった」

ロック界のカリスマと称されたジョン・レノンでさえそうだとしたら、あなたもとりあえず「自分の声は嫌い」でいいのではないでしょうか。

声のチェック

自分の声を録音して一度聞いてみる

「自分の声は嫌い」という人がほとんどの中、それを嫌いで終わらせてしまっては、いつまで経っても、最良の声を出すことはできません。

そこで、ちょっと勇気がいるかもしれませんが、まずは自分の声の「健康診断」を行うことから始めてみましょう。

用意するものは、ＩＣレコーダーやスマートフォン（ボイスメモ）のような音声が録音できるものがあればＯＫです。それらを使って、ふだん通りの口調・テンポ・トーンで、次の言葉を発していただきたいのです。

はじめまして。○○○○（自分のフルネーム）です。よろしくお願いします。

いつもお世話になっております。□□□□□□（勤務先の社名）の○○○○（自分のフルネーム）です。

続いて、仕事でいつも口にしている次のような言葉を発してみてください。これもふだん通りの口調・テンポ・トーンでお願いします。

本日は、新商品のキャンペーンのご案内をさせていただくために、おうかがいしました。

○○部長（得意先の担当者）は、いらっしゃいますでしょうか。

以上で録音は終了。そうしたら、さっそく再生し、自分の声を聞いてみましょう。

あなたの本当の声

相手が聞いている声が今のあなたの声

どうですか？　改めて自分の声を聞くと、どんな印象を受けるでしょうか？

――聞き取りづらい声だなぁ。
――声が小さいなぁ。
――暗い声だなぁ。
――声がまったく通っていないなぁ。
――ハリがないなぁ。
――ダミ声だなぁ。
――こもっているなぁ。
――息苦しい声だなぁ。

――かすれているなぁ。

こう思った人も少なからずいるはずです。

そんなあなたに追い打ちをかけるようで恐縮ですが、その声が「他人が聞くあなたの声」なのです。

しゃべっている当人の耳に入ってくる声と、相手が聞く声は別もの。どちらも自分の声であることには変わりないけれど、**相手が聞く声が今のあなたの本当の声**なのです。あなたはいつもその声で人と会話しています。

まずは、このことをきちんと認識してください。

エッ？　ますますショックを受けたですって？　ますます自分の声が嫌いになったですって？

でも、心配はいりません。そんなあなたのためにこの本はあります。

これからお話しすることを実践すれば、自分にとって一番好ましい声が出せるようになり、誰からも好感を持たれるようになります。

そして、ここからがいよいよ本題。まずは、あなたの声の問題点を探り当てながら、最良の声」を出すためのウォーミングアップについて述べていきたいと思います。

声を出すときの姿勢

姿勢をチェックするだけで声を出すときの負担は減る

ここであなたにもう1つお願いしたいことがあります。

今度は自分がしゃべっている姿を動画で撮影してほしいのです。

動画が撮影できない人はデジカメ等で写真に撮ってもかまいませんし、鏡に自分の姿を映し出しながらしゃべってもかまいません。

しゃべる内容は、先ほど同様の言葉にしましょう。

「はじめまして。○○○○（自分のフルネーム）です。よろしくお願いします」

「いつもお世話になっております。□□□□□（勤務先の社名）の○○○○（自分のフルネーム）です」


これも、ふだん通りの口調・テンポ・トーンでお願いします。

では、始めてください。


さて、なぜ、こんな面倒くさいことをお願いしたかというと、動画や写真、あるいは鏡を見て、自分の姿勢をチェックしてもらいたいからです。

そう、自分の声の「健康診断」で、「聞き取りづらいなぁ」「小さくて暗い声をしているなぁ」という印象を抱くようであれば、声を発するときの姿勢に問題があることを認識してほしいのです。

では、具体的にどこに問題があるのかを、順を追って説明していきましょう。

「声を出すときの姿勢」チェックリスト&改善点

■チェック1　下を向いてしゃべっていませんか？

まずは、首の位置と目線を確認してみてください。下を向いてしゃべっていませんか？　下を向いてしゃべると、首もおのずと下がり、目線も下にいってしまいます。すると、顎を引きすぎる形になり、喉《のど》の筋肉も締めつけられるため、どうしても声が出づらくなってしまいます。逆に首を上げすぎても、目線がおかしくなります。

目線はあくまで目の高さ。首（顎）は軽く引いた状態がベストです。

■チェック2　背中が丸まっていませんか？

次は背中をチェックしてみましょう。ひょっとして、丸まってはいませんか？

背中が丸まっていると、肩が内側に狭まり、肩甲骨《けんこうこつ》も凝《こ》り固まってしまい、首や肩などに余計な負担がかかってしまうため、声が出しにくくなり、発声にも悪影響をおよぼすようになります。

■チェック３　舌が奥に行っていませんか？

姿勢が悪く、とくに背中が丸まっていると、舌が奥に入ってしまうため、動かしづらくなり、滑舌《かつぜつ》が悪くなったり、声が出しにくくなったりします。猫背のお年寄りの声が聞き取りづらいのも、それが多分に関係しています。

これはさすがに動画や写真では確認できませんので、声を発するとき、意識的に舌がどの位置にあるかをチェックしてみてください。

■チェック４　無表情でしゃべっていませんか？

続いて、顔の表情を確認してみてください。

聞き取りづらい声の人・声が通らない人は無表情で話をしています。これは表情筋をほとんど動かしていない証拠、口角《こうかく》が上がっていない証拠です。

■チェック５　拳《こぶし》を強く握りしめていませんか？

手はどんな状態ですか？　手の拳を強く握りすぎると、そこに力が入ってしまうため、どうしても声が出しづらくなります。

人によっては、声は出たとしても、硬めの声になってしまうことがあります。野球やサッカーの監督がいい例です。勝利インタビューのときと違って、試合中に硬めの声になってしまうのは、熱中するあまり握り拳で選手にゲキを飛ばしていることが関係しています。

■チェック6　カカトに力を入れていませんか？

これも動画や写真ではわかりづらいと思いますが、最後はカカトに注目してください。カカトに力が入っていませんか？

カカトに力が入ると、姿勢が悪くなると同時に身体が緩むため、やはり声に力が入らなくなります。

どうですか。該当する項目が複数あったのではないでしょうか。

発声もスポーツと同じで、さまざまな筋肉を使います。

ところが、姿勢が悪いと筋肉が凝り固まり、首、肩、腰などに余計な負担がかかってしまうため、発声にも悪影響をおよぼすようになることが、これで少しはおわかりいただけたと思います。

しかし、心配はいりません。実はこれも意識すれば簡単に自分で直すことができます。

あなたは、運動する前に軽い準備運動をしますよね。同じように、しゃべる前にこれから説明する軽い準備運動――ストレッチを行えばいいのです。

名づけて「声を出す前の３分間ストレッチ」。

これを行えば、関節の可動域が広がり、筋肉も刺激され、おのずと声も出しやすくなります。

発声前のストレッチ

「声を出す前の３分間ストレッチ」を日課にする

ではさっそく、「声を出す前の３分間ストレッチ」の説明に入りましょう。

これも順を追って解説していきます。

声を出す前の3分間ストレッチ

■ストレッチ1　目を開けたまま、首を回す

下を向いてしゃべると、首もおのずと下がり、目線も下にいってしまうため、声も出づらくなると言いましたが、これを防ぐためには目を開けたまま首を回すようにしましょう。右回し、左回し、各々5回やれば十分です（次ページ上のイラスト参照）。

首を回すのは、言うまでもなく緊張感を緩和させるためです。

では、なぜ目は開けたままなのか。これは目を開けたまま首を回すと、いろいろな場所を見ることで視界が広がることが関係しています。いろいろな場所を見てから、仕事などで人と会えば、脳が順応するため、視覚から生じる緊張感もこれまた緩和されます。

ちなみに目は大きく見開く必要はありません。ときどき瞬きする程度がベターです。

■ストレッチ2　耳を引っ張る

まずは、次ページ下のイラストをご覧ください。ポイントは耳のふちです。耳のふ

■ストレッチ1

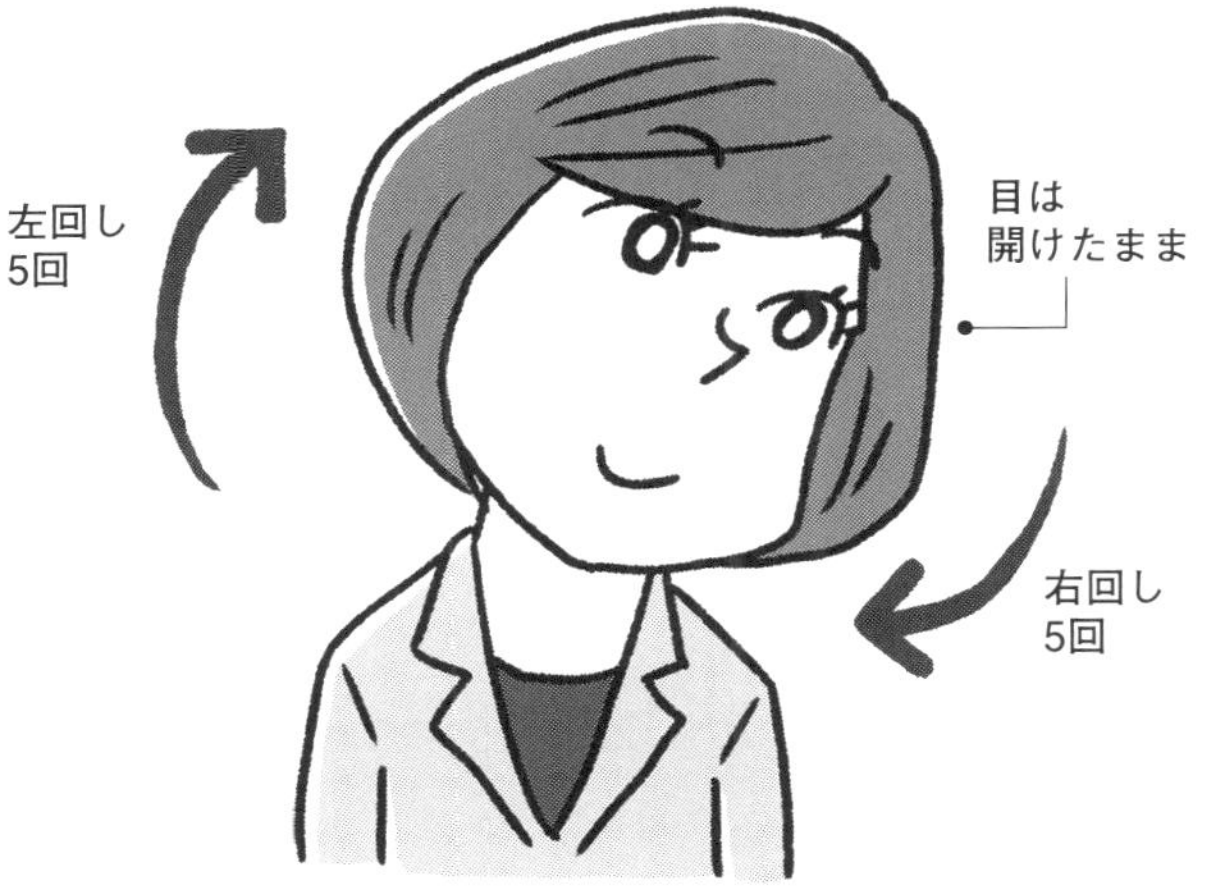
左回し
5回
目は
開けたまま
右回し
5回

■ストレッチ2

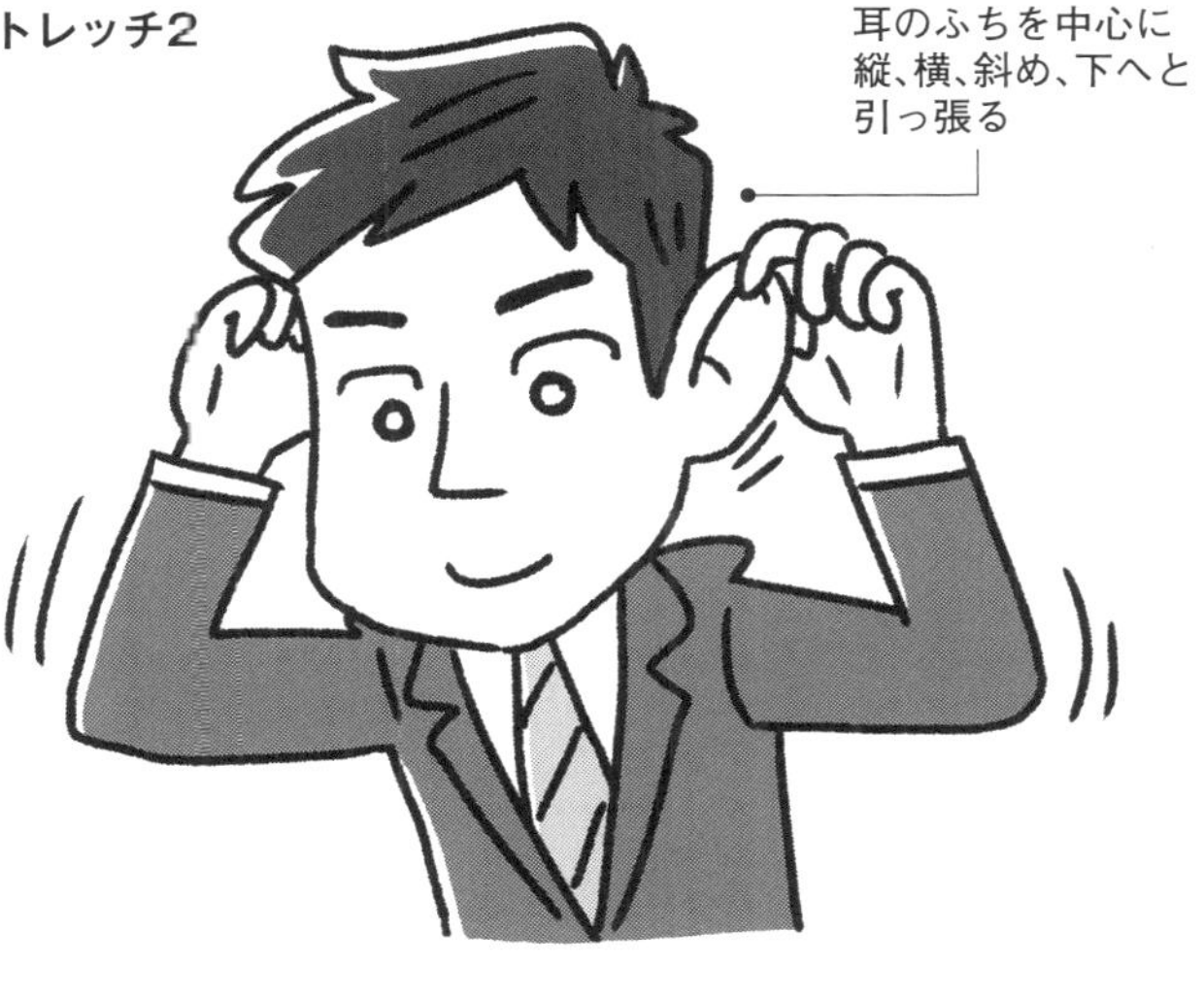
耳のふちを中心に
縦、横、斜め、下へと
引っ張る

ちは上部から中部、下部（耳たぶ）にかけてぐるりとありますが、その部分をまんべんなく縦、横、斜め、下へと引っ張ってください。

両耳を同時に、10秒ほど行えば十分で、こうすることによって血行が良くなり、耳の付近にある神経がリラックスし、身体全体がポカポカしてきます。それにより喉も温まり、声も出しやすくなるという利点があるのです。

■ストレッチ3　肩に手を当てながら、肩を回す

前述したように、背中が丸まっていると、肩が内側に狭まり、肩甲骨も凝り固まってしまい、首や肩などに余計な負担がかかってしまうため、声が出しにくくなります。そうならないようにするためには、次ページのイラストにもあるように、肩に手を当てながら（なおかつ肩甲骨を意識しながら）、しっかりと肩を回すようにしましょう。ただ肘《ひじ》を回すだけでは肩甲骨が動かない場合があるので、必ず肩に手を当てて行うようにしてください。

1秒間に1回転するくらいのスピードで、前回し、後ろ回しを10回ずつ行うといいでしょう。血流が良くなり、身体がポカポカと温まってきます。

■ストレッチ3

肩に手をあてながら回す
(肩甲骨を意識)
1秒間に1回転
前回し、後ろ回しを
各10回
背すじは
まっすぐ
足は握り拳
1つ分くらい空ける

これは肩こりで悩まされている人にとっても効果があるため、一石二鳥と言えます。

■ストレッチ４　舌が下の歯の裏についているか、確認する

これも前述しましたが、舌が奥にあると、動かしづらくなり、滑舌が悪くなったり、声が出しにくくなります。

そこで、舌は下の歯の裏に軽くつけて、固定してしゃべる習慣をつけてください。このとき、舌を歯につけすぎてもダメ。あくまで「軽くつける」のがポイントです。

■ストレッチ５　口角を意識的に上げる

口角を意識的に上げるためには、両手で頬《ほお》を上げるような感じでマッサージするのが一番です。ポイントは次ページ上のイラストにもあるようにニコッとした表情になること。これを前回し、後ろ回しで10回ずつ行うようにしてください。

ちなみに、このマッサージを行うと表情筋を刺激することにもなるため、顔のたるみやシワも改善されたり、美顔にも効果があります。声も良くなり、笑顔も素敵になり、若々しくなるという点から言えば、一石二鳥ならぬ一石三鳥の効果が期待できます。

■ストレッチ5

両手で頬を上げて
マッサージ
（口角を上げる）
前回し、後ろ回し
各10回

■ストレッチ6

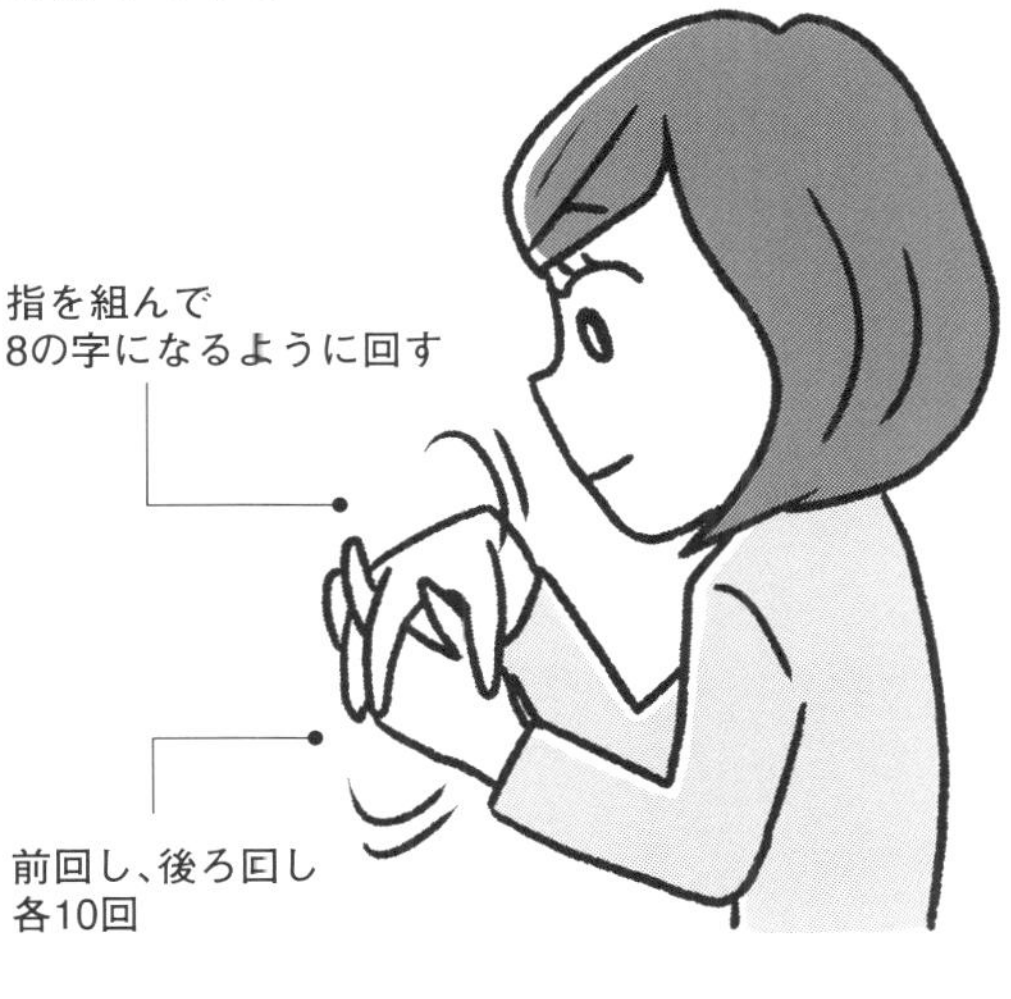
指を組んで
8の字になるように回す
前回し、後ろ回し
各10回

■ストレッチ6　手首をしっかりとほぐす

手の拳を強く握りすぎると、そこに力が入ってしまうため、声が出しづらくなると言いましたが、思い当たる人は手首のストレッチを行うといいでしょう。

前ページ下のイラストのように、両手の指を組んでグルグルグルと、8の字になるように、前回し、後ろ回しで10回ずつ行えば十分です。

そうすると手首の筋肉がほぐれるだけでなく、肩の筋肉もほぐれるようになります。

■ストレッチ7　足の親指に力を入れる

カカトに力を入れてしまうクセがある人は足の親指に力を入れるようにしましょう。

まず、握り拳1つ分くらい両足を開き、両足の親指に力を入れながら立つようにします。そうすると、自然と姿勢がピンと真っすぐになります。

このとき、カカトは地面に着くか着かないかくらいの感じでリラックスした状態を保つようにしてください（次ページイラスト参照）。

この姿勢が自然にできるようになると、常にお腹に息が入りやすくなるため、次章

■ストレッチ3

目線は
やや上向きにして
顎を引く
背すじは真っすぐ
肩に力を入れず
手は自然な感じで
横に
足は握り拳
1つ分くらい
空ける
足の親指のつけ根に
重心を置いて、
少し力を入れて立つ

で述べる「腹式呼吸」で声が出せるようになります。

ちなみに、椅子《いす》に座るときも、体重は気持ち前に、足の親指を意識し、そこに力を入れるようにしてください。


以上で、「声を出す前の３分間ストレッチ」はおしまい。これで声を出すための準備は完了です。どうですか？　これなら、いつでもどこでも簡単に行えます。

トータル３分もあれば十分できます。


商談の前、プレゼンの前、面接の前など、トイレでもできます（人に見られるのが嫌な人はトイレの個室で行ってください）。

スポーツを行う前、たいていの人は軽い準備運動をすると思います。これは身体を温め、筋肉をほぐすことで、スポーツを行った際の体へのダメージを減らすためです。

でも、さまざまな筋肉を使うという点においては発声も同じなのに、発声のための準備運動をしようという意識を持っている人はほとんどいません。

これを機に「声を出す前の3分間ストレッチ」を習慣にしてみませんか。

発声診断

「はじめまして」と「よろしくお願いします」はどちらが言いづらい？

この章ではまず、自分の声をチェックしてもらいました。

続いて、自分の姿勢をチェックしてもらい、姿勢を改善することで、最良の声を出すための「声を出す前の3分間ストレッチ」について説明しました。

そこで今度は、あなたの声の「発声診断」をちょっとだけ行ってみたいと思います。

やり方はいたって簡単。

先ほど同様、次の言葉をふだん通りの口調・テンポ・トーンで口にしてほしいのです。

はじめまして。〇〇〇〇（自分のフルネーム）です。よろしくお願いします。

さて、ここで質問。

「はじめまして」と「よろしくお願いします」という言葉はどちらが言いやすく、どちらが言いづらかったですか？　よくわからなければ、もう一度、復唱してください。

はじめまして。〇〇〇〇（自分のフルネーム）です。よろしくお願いします。

どちらが言いやすく、どちらが言いづらかったでしょうか？

必ず、**どちらかが言いやすく、どちらかが言いづらかったはず**です。

誤解がないように申し上げておくと、どちらが言いやすい・言いづらいで、優劣をつけようとしているわけではありません。

どちらが言いづらいかによって、次章以降で述べる発声トレーニング方法の内容（改善すべき点）が若干変わってくるということをご理解いただきたいのです。

アナウンサーや声優のように特別な訓練を積んだ人は別として、誰にでも言いやすい言葉と言いづらい言葉があります。ここでは、まずそのことだけ頭にとどめておいてください。

発声の準備運動

喉も心も安定する「ハミング」の効果

「発声診断」に続いて、今度は声を出すにあたっての準備運動——ハミングを紹介しましょう。

ハミングとは、上の歯の裏と下の歯の裏の中間に舌を軽く置いて、口を閉じた状態で「んーーーー」と喉を振動させる方法のことを言います。

ハミングは人それぞれの喉の大きさや声帯の長さ、骨格などによって音の高さが違ってきます。つまり、トーンの高い人もいれば、低い人もいるのです。

だから、無理なく自然体でリラックスした状態のハミングの音――これがストレスのかからない自分の一番出しやすい声のトーン、すなわち安定した状態だと思ってください。

試しに、「んーーーー」とハミングしてみてください。

（ハミング）　んーーーー

トーンの調子はどうですか？　ちょっと高いかな（低いかな）、無理しているかなと思ったら、1音でも2音でもかまいません。遠慮することなく下げて（上げて）、もう一度やり直してください。

そして、**「この音だ！　この音が一番出しやすい」**と実感できたらしめたもの。

声のチューニング合わせはほぼ完了したと言っていいでしょう。

ちなみに、ハミングには喉を安定した状態にするだけでなく、怒りを鎮《しず》める効果もあります。

部下が指示通りに動いてくれない……。

子どもがゲームばかりして、ちっとも勉強しない……。

こういうときって、誰でもイライラしたり、腹立たしくなりますよね。そのため、ついつい部下や子どもに向かって大声で怒鳴り散らしてしまったということがあるでしょう。

でも、大声で怒鳴り散らせば散らすほど、自分では気がつかないところで、声帯は傷つき、喉が委縮《いしゅく》しています。

そんなときにハミングを行えば、いち早く怒りを鎮めることができ、声帯も平常な状態へと戻すことができます。

これも試しにやってみてください。ポイントはなるべく頭の中を「無」にすること。「あいつ、むかつく」と思っても、そのことを忘れるようにして無我の状態で行ってください。

さぁ、これで最良の声を出すにあたってのウォーミングアップ（準備運動）はひと通り終了です。

自分の本当の声1

声はいくつになっても進化する

以前、私のセミナーを受講してくださった50代の男性から、こんな質問をされたことがありました。

「最良の声が出せるようになれば、仕事で劇的な成果を生み出せる理由はよくわかりました。しかし、私の場合、あと10年もすれば定年です。今さらウォーミングアップとかトレーニングとか言われても、年を重ねるごとに声が老化していくような気がして……」

なるほど、そう考える人の気持ちもわからなくはありません。

1970年代にハードロックを熱唱していた声量のある欧米のシンガーが、60代、70代になった今、来日してコンサートで同じ曲を歌っても、まるで別人のようにしゃがれてひどい声になっていたという話を私も耳にすることがあります。

しかし、これも心配はご無用！　もし、あなたのお気に入りのハードロック・シンガーがそうだとしたら、それは70年代に本来の最良の声で歌っていなかった証拠、無理して歌っていた証拠です。

逆に、**自分らしい本当の声を見つけ、それを発する習慣にしておけば、歌に限らず、その状態がずっと維持できるようになる**のです。

いや、いくつになっても進化させることさえできると言っても過言ではありません。

自分の本当の声2

自分の本当の声に目覚めれば、人生も変わる

私のトレーニングを受けに来られた70代の男性がそうでした。

男性は長年自分の声にコンプレックスを抱いていたようで、しゃべるのはもちろんのこと、子どものころ「おまえは音痴《おんち》だから歌を歌うな」と小学校の先生から言われて以来、話すことも歌うことも苦手になってしまったようなのです。

「でも、もっといい声になりたいし、カラオケで思う存分歌ってみたいんです」

こう本音をこぼす男性に対し、私はさっそくトレーニングを行うことにしました。

その結果、どうなったと思いますか？

びっくりするかもしれませんが、たったの1回90分の指導で男性の声は一変しました。

もう一度、言います。たったの1回。それも90分です。

念のために申し上げておくと、私はその男性に取り立てて難しいことをレクチャーしたわけではありません。

男性はさほど問題のある声をしているわけではありませんでした。ただ音域が狭かっただけなのです。音域が狭いと、しゃべったときに高音部分や低音部分の声が出しづらくなります。歌を歌った場合も、高い音（低い音）が出にくくなるため、1オクターブ下げざる（上げざる）を得なくなります。他人から音痴と言われる所以《ゆえん》はここにあります。

そこで、**口の開け方を変えたり、腹式呼吸をすることで、音域を広げるためのトレーニングを行っただけ**なのです。


そして、興味深いのはここから。

半年後、その男性と再会したら、男性いわく、

「島田先生！　あれ以来、人前でしゃべるのが苦ではなくなりました。他人から別人のよ

うな声になりましたね、と言われることもあるんです」

「島田先生のレクチャーで音域が広くなったせいか、最近はカラオケにもよく行くんです。一緒に行った人からも『なかなかいいね』と言われるので、うれしくなります。これからは自分の歌いたい曲をどんどん歌っていこうと思います」

そう語る男性の表情はまるで別人のようにイキイキとしていました。

これはほんの一例にすぎませんが、同じことはあなたにも言えます。

繰り返し言いますが、自分にとってもっとも好ましい声の状態に気づき、それを発する習慣をつけておけば、退化するどころか、その状態がずっと維持できるようになります。いや、日を追うごとに進化さえしていきます。

すると、**自分に自信が持てるようになり、人生に張り合いが生じる**ようになります。人生に張り合いが生じれば、毎日が楽しくなり、イキイキしてきます。

つまり、人生までもが謳歌《おうか》できるようになるのです。

そのことを念頭に置いて、次章からはいよいよ最良の声を出すための発声レッスンについてお話ししていきましょう。

第2章

自分の本当の声を定着させる「発声レッスン」

発声基本知識1

声が出る「声帯」はどこにあるか？

あなたは、声がどこから出るかご存じですか？

「喉！」

それは誰だって知っていますよね。では、喉のどのあたりから声が出るか考えたことがありますか？　こう言うと「？？」と疑問符がつく人も多いと思います。

前置きはこれくらいにして、自分の声が出る場所はズバリ「声帯」。

その声帯のある場所もわからない……という人のために、瞬時に確認できる方法をお教えしましょう。

まず、顎を下げながら、口を軽く開け、思い切り「ハッ」と息を吸ってみてください。

そうすると、喉の奥のほうで冷たく感じる場所があるはずです。

「あれ？　冷たく感じないなぁ」という人は、さらに息を思い切りスピードよく深めに

■声帯の位置

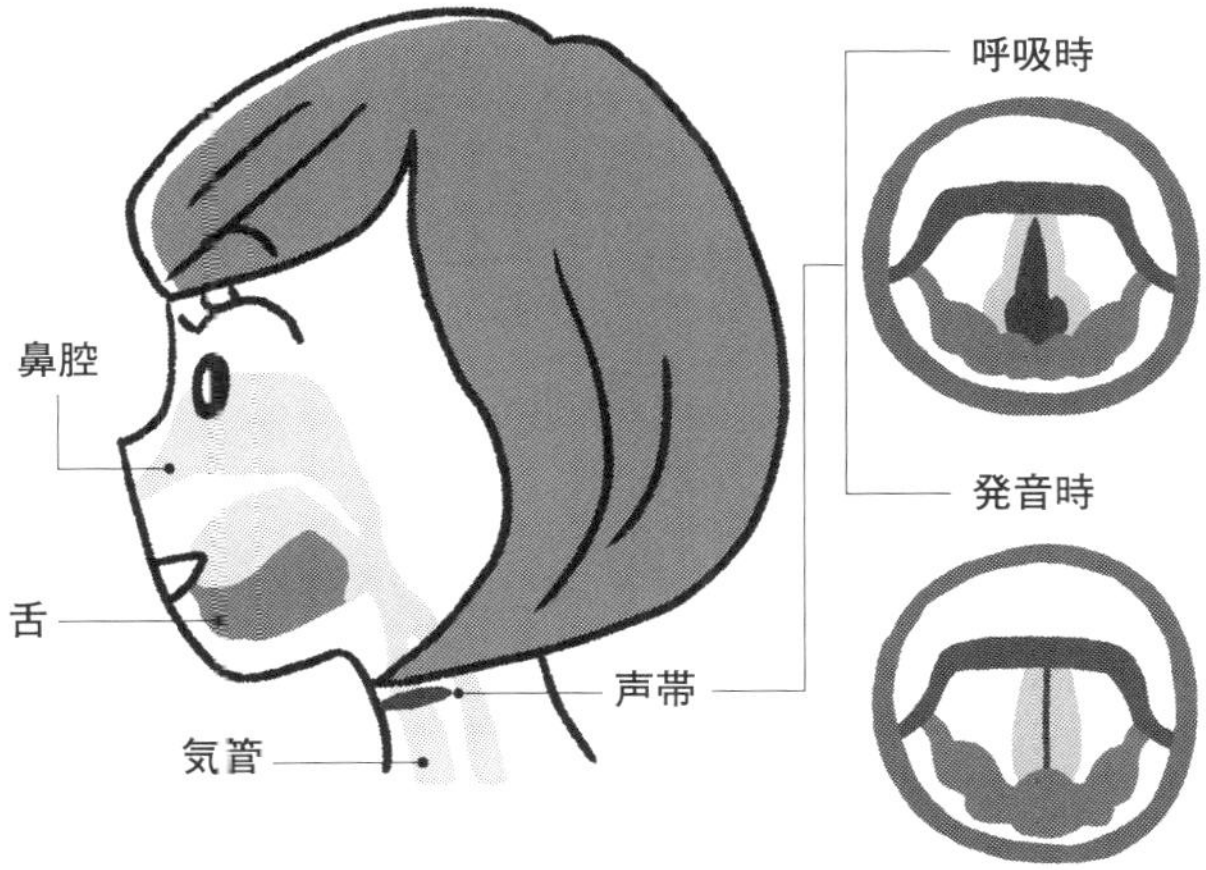

吸ってください。

どうでしょうか。今度は冷たく感じたのではないでしょうか。

その冷たく感じた場所、そこが声帯のある場所です。

声帯には左右に「ハの字」の形をしたヒダのようなものがついており、ふだん、黙っているときは開いた状態になっています。しかし、声を出そうとすると、そのヒダがくっついて「A（あ）」とか「I（い）」という音に変換され、声として出る仕組みになっています。

そして、冷たく感じるというのは、**声帯が正常な状態**である証拠。何度試しても冷たく感じないようでしたら、声帯やその周辺に炎症や疾患が起きている可能性があるので、医師に診てもらうといいかもしれません。

発声基本知識2

母音「あ」の声で、あなたの最良の声がわかる

本題はいよいよここから。あなたの声帯の出番です。

まず、顎を大きく下げ、口をしっかり開けた状態にします。

次に両手の人差し指で、耳の頬側の出っ張っている軟骨のすぐ横を押さえてください。上下に骨があり、その境にくぼみがありますよね。確認できましたか。このくぼみ周辺が顎関節《がくかんせつ》と呼ばれる場所です。

このくぼみの部分を軽く人差し指で押さえながら顎を下げた状態にして、指を2本分縦に入るくらい口を開けます。そして、下の歯の裏の部分に舌先をつけて、ハリのある少し大きめの声で「あいうえお」の「あ」を発してみてください。

では、手順を整理します（86ページイラスト参照）。

●あなたの最良の声の探し方

■顎を大きく下げて口をしっかり開け、顎関節のくぼみを両手の人差し指で押さえる。

■指が2本分縦に入るくらいに口を開く。

■下の歯の裏の部分に舌先をつける。

■ハリのある少し大きめの声で「あ」を発する。

こうして発した「あ」の声。実はこれがあなたにとって**一番言いやすい高さの声**なのです。言い換えれば、**いくらしゃべっても疲れない声、他人が聞き取りやすい声**なのです。

試しに、もう1回、「あ」と発してみてください。

「思ったより、自分の声は低いなぁ（高いなぁ）……」と自分の声の意外性に気づいた人もいるのではないでしょうか。

一方で、ストレスを感じることなく自然体に声が出せたはずです。

■あなたの本当の声を探す

ハリのある
少し大きめの声で
あ
顎関節の
くぼみを
押さえる
指2本分、顎を大きく下げる
（下の歯の裏部分に舌先をつける）

そう、このストレスを感じることなく自然体に声が出せるというところがミソ。それはとりもなおさず、もっとも自分らしい声である証拠なのです。

そこで、まずは「あ」の発声レッスンを日ごろから行ってみてください。

朝、起きたら、歯を磨くついでに鏡に向かってやってみる。

東京渋谷の交差点のような人混みの騒がしい場所や、誰もいないトイレでやってみる。

これだけでも、自分の声の最適なポジションが確認できるようになります。

最適なポジションが確認できれば、それを

商談・プレゼン・面接・電話応対などで生かせることもわかってきます。

「あ」と発することで、自分の声の最適なポジションを知る。まずはこれです。

発声基本知識3
母音それぞれの発声は口の開け方によって違う

「あ」という言葉を発すると、なぜ自分の声の最適なポジションを知ることができるのでしょう。「い」や「う」といったほかの母音ではダメなのでしょうか。

実は「あ」は「あいうえお」の中でも軸になる母音であることが関係しています。

そのことをお話しする前に、あなたにお尋ねしますが、ふだん「あ」「い」「う」「え」「お」を発するとき、どんな口の開け方をしていますか。

どれも半開きでしょうか？　口をパクパクさせているだけでしょうか？

それはいただけません。

正確に言うと、「あ」「い」「う」「え」「お」を発するとき、88～89ページを参考に以下のように口を開いてほしいのです。

●母音の正しい発声法

・あ（A）を発するとき↓顎を大きく下げた状態で、指が2本分縦に入るくらい口を大きく開ける。

・い（I）を発するとき↓口を横に思い切り開き、口角も笑顔になるように思い切り上げる。

・う（U）を発するとき↓顎を大きく下げた状態で、人差し指1本を包むくらいの感じで唇をつぼめると同時に、タコの口のように唇を思い切り前に突き出す。

・え（E）を発するとき↓「い」を発するときよりも、さらに口を横に開く。

・お（O）を発するとき↓顎を大きく下げた状態で、唇をなるべく前に突き出して、「あ」を発するときよりも、気持ち口をつぼめる。

■母音の正しい発声法

すべてに共通して言えるのは、下の歯の裏の部分に舌先をつけて声を出すこと。

いずれにしても、「あ」「い」「う」「え」「お」の発声は、口の開け方によってどれも違ってくることがこれでおわかりいただけると思います。

発声の基本メソッド1

口を開けた「開口形」と口を横に開いた「閉口形」という2種類の発音

「あ」「い」「う」「え」「お」の発声をするときに、あなたはもう1つ、あることに気づいたでしょうか。

まず、前ページのイラストにある「う」と「お」のところをご覧ください。

口が丸みを帯びた形で開いていますよね。これは顎が開いたままなので、私はこの状態を「開口形《かいこうけい》」と呼んでいます。

「い」と「え」はどうでしょう。同じく口は開いているものの、細長く、横に広がっています。この状態を「閉口形《へいこうけい》」と呼んでいます。

つまり、「お」と「う」には口を縦方向に丸く開くという共通点があり、「い」と「え」には口を横に開くという共通点があるのです。

では、「あ」はどうでしょう。こちらは口を丸く開き、口をやや横に広げるという点においては、開口形と閉口形のどちらにも該当します。しかも、「あ」「い」「う」「え」「お」の中で一番大きな声で言えるし、響きやすいという特徴もあります。

だから、「あいうえお」の中でも、「あ」は軸になる母音なのです。

いずれにしても、母音の発声は、開口形・閉口形によってどれも違ってくるとしたら、「あ」だけではなく、そのほかの母音の正しい発声の仕方も習得する必要があります。

次にそのためのノウハウをお伝えするので、読みながら実践していきましょう。

発声の基本メソッド2

開口形の発声「AOUレッスン」

最初に、開口形の母音の正しい発声の仕方から始めましょう。

開口形の発声を行うにあたっては、「あ」「う」「お」ではなく「あ」「お」「う」の順番

■開口形と閉口形

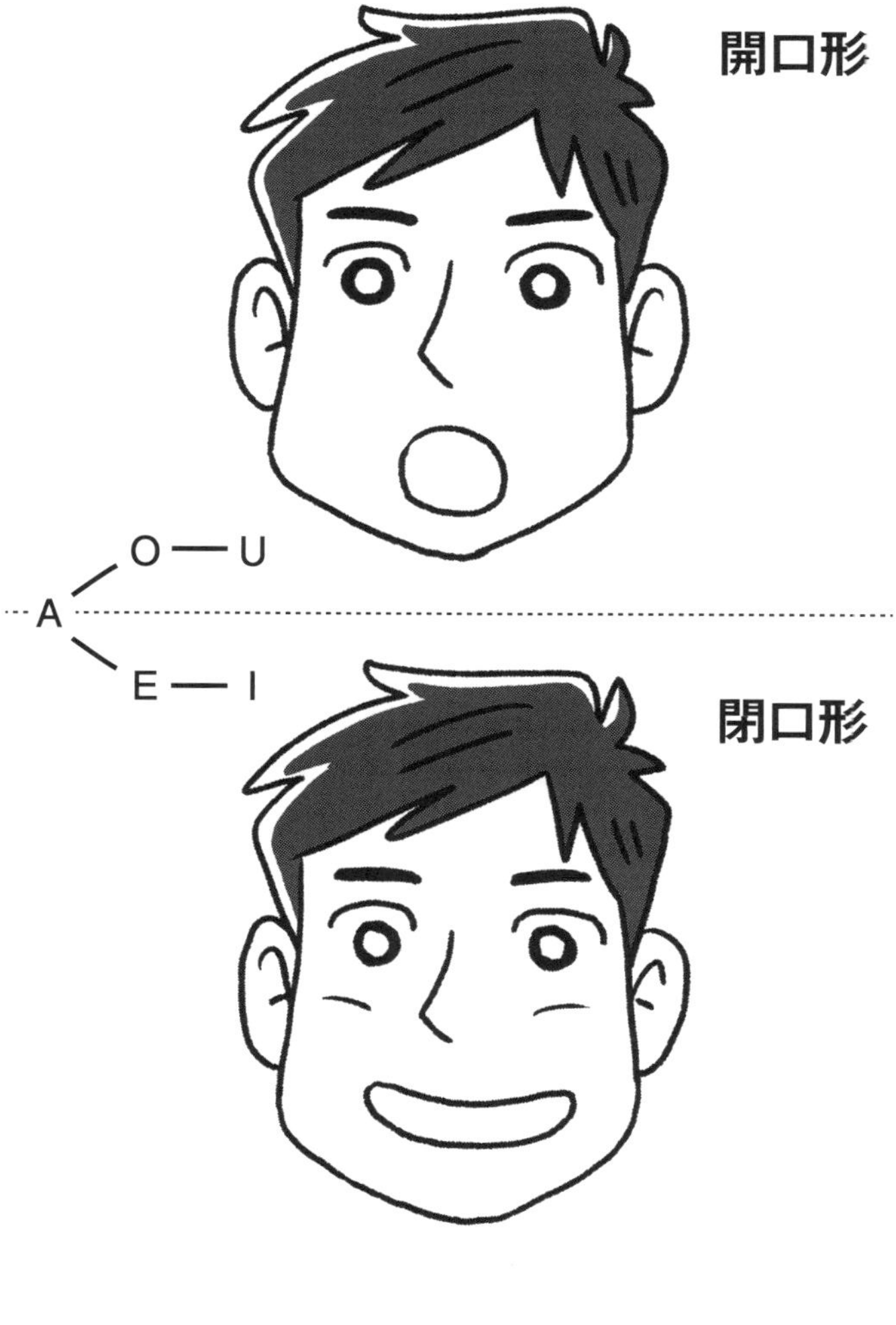

で行ってください。そのほうが、だんだんと口がつぼんでいくためやりやすいからです。

口の開け方は、次のポイントになります。

●開口形「AOUレッスン」
・あ（A）を発するとき→顎を大きく下げた状態で、指が2本分縦に入るくらい口を大きく開ける。
・お（O）を発するとき→顎を大きく開いた状態で、唇をなるべく前に突き出して、「あ」を発するときよりも、気持ち口をつぼめる。
・う（U）を発するとき→顎を大きく下げた状態で、人差し指1本を包むくらいの感じで唇をつぼめると同時に、タコの口のように唇を思い切り前に突き出す。

また、前述したように、**顎を大きく下げ、顎関節のくぼみ（上下の骨の境目）を両手の**

人差し指で押さえることも忘れないように。その部分を押さえながら、**上下の顎の骨が開いた状態を確認しながら思い切り大きな声**で「あ」「お」「う」と発してください。

小さな声だと声帯のヒダがピタッとくっつかないため、ハリのある声が出ないからです。ですから、「これ以上は出ない」という声で発声してください。

しかし、ビギナーはいきなり**「あ」「お」「う」（以下、「AOU」）から始めるのではなく、「あ」「お」「あ」（以下、「AOA」）の練習から始める**ことをお勧めします。

「AOU」の中でもUの発音はもっとも難しく、つぶれやすいという特徴があります。

そのため、A（大きく口が開いた状態）から、O（Aよりも気持ち口をつぼめた状態）を経て、Uに移行すると、人によっては開いていた顎が無意識のうちに閉じてしまい、Uの発音がうやむやになってしまうことがあるからです。

そこでまずは「AOA」のレッスンを行い、顎を大きく開いたまま、「Aで大きく口を開く→Oで気持ち口をつぼめて開く→Aで再び大きく口を開く」コツをマスターしてほしいのです。

その際、注意していただきたいのは、A→O→Aの順番で声を出したとき、**最初のAと最後のAが同じポジション（音程・トーン）にくる**ようにすること。最後のAが上がってしまったり下がってしまったりすることのないように、最初のAを発するときと同じ口の開け方を心がけ、同じ響きで発するように努めましょう。

このようにして、「AOA」の口の開け方・声の出し方に慣れてきたら、いよいよ「AOU」のレッスンを行う番です。

Uは先ほども述べたように、人差し指を1本包むくらいの感じで唇をつぼめると同時に、タコの口のように唇を思い切り前に突き出した状態で声を発してください。

要するに、**「Aで大きく口を開く→Oで気持ち口をつぼめて開く→Uで口をさらにつぼめ、唇を前に突き出す」**の流れをマスターするのです。

なお、Uを発するときも、顎を大きく開くのを忘れずに。**顎関節の上下の骨が開いたまま（人差し指で押さえたくぼみがキープできたまま）、Uがきちんと言えるかがポイント**になります。

もちろん、初めのうちは慣れないため戸惑うこともあるかもしれません。今までとは違う発声を行うわけですから、不自然さやぎこちなさを感じることもあるでしょう。

しかし、この項で述べたことをいつも意識しながら「AOUレッスン」を行えば、自然

■AOUレッスン

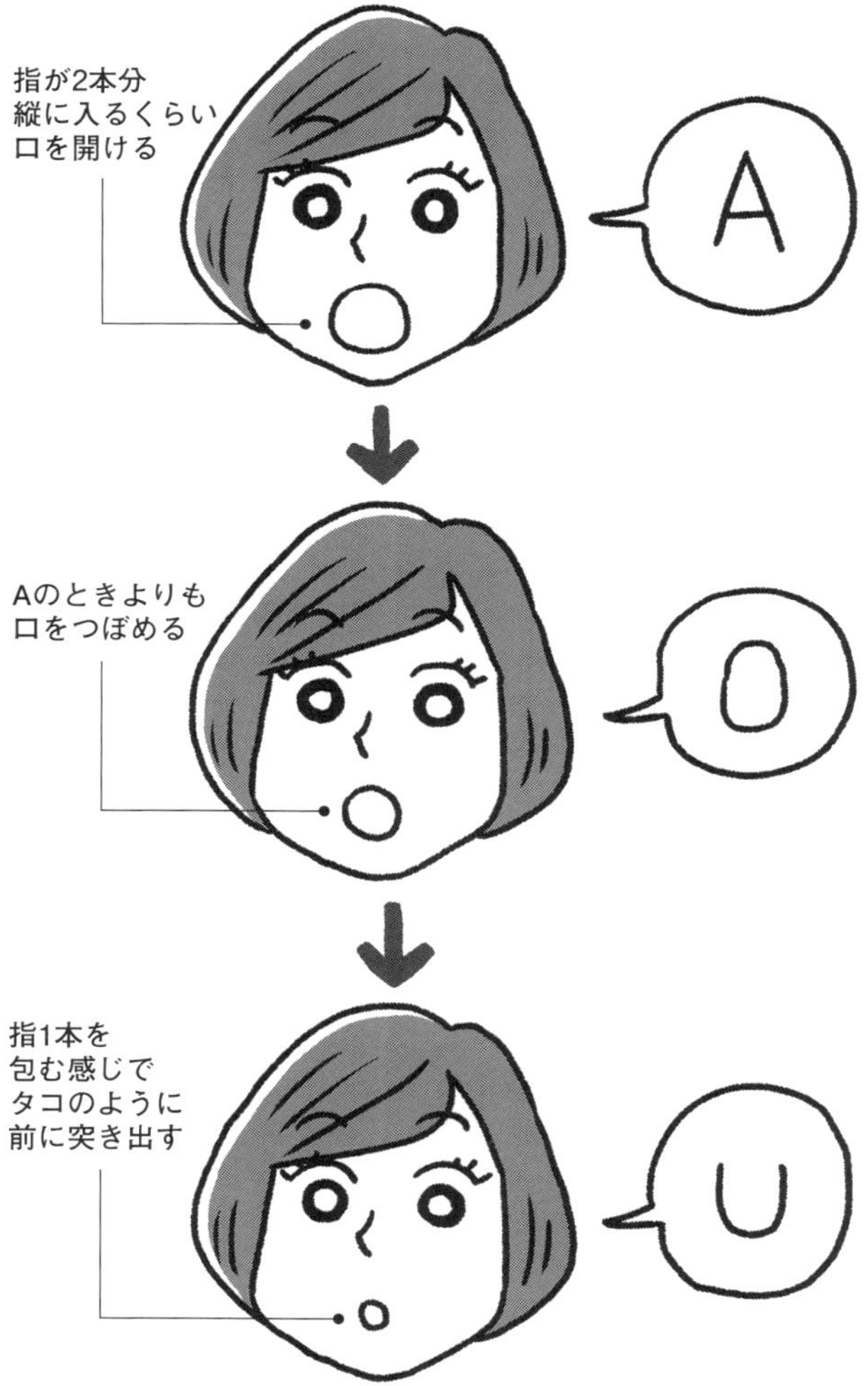
指が2本分
縦に入るくらい
口を開ける
A
Aのときよりも
口をつぼめる
O
指1本を
包む感じで
タコのように
前に突き出す
U

とできるようになります。

発声の基本メソッド3

閉口形の発声「IEAレッスン」

閉口形の「AOUレッスン」に続いて、今度は閉口形の「IEAレッスン」です。

口の開け方は、次の通りです。

●閉口形「IEAレッスン」

・い（I）を発するときは、口を横に思い切り開き、口角も笑顔になるように思い切り上げる。

・え（E）を発するときは、「い」を発するときよりも、さらに口を横に開く。

ＩとＥを発する際の最大の注意点は、**「これ以上、横に行かない」ということころまで口を横に開き、なおかつ「これ以上、上がらない」というところまで口角を上げる**こと。

また、このレッスンで**Ａ（あ）を発するときは口を大きく開けないで、ＩやＥと同じように横に広げる**ようにします。

端的に言うと、**「Ｉで口を横に開き、口角を上げる→Ｅでさらに口を横に開き、口角を上げる→Ａで口を横に開く」**コツをマスターするのです。

その状態でニコッとしながら、リラックスした感じでＩを発すると、声帯のヒダがピタッとくっつきやすくなります。

試しに、Ｉと発してみてください。今までとはちょっと声の質が違う感じがしませんか。いい感じの声がしませんか。それもそのはず。声帯のヒダがピタッとくっつくというのは、自分にとって一番言いやすい状態にあるからです。

そして、口をさらに横に開いたまま、口角をさらに上げた状態で、ニコッとしながらＥと発してください。このときも声帯は同じようにピタッとくっついているので、やはり、いい感じの声がすると思います。

「ＡＯＵレッスン」と同じように、これもこまめに行ってみてください。

発声の基本メソッド4

開口形と閉口形の発声「IEAOUレッスン」

「AOUレッスン」と「IEAレッスン」が、ある程度マスターできるようになったら、最後は母音全部のレッスンを通しで行ってみましょう。

名づけて、「IEAOUレッスン」。

それにしても、なぜIEOAUなのか？　実はこれにもきちんとした理由があります。

おさらいを兼ねて言うと、IとEは閉口形、Aは閉口形と開口形の両方に共通し、OとUは開口形です。

つまり、この順番で行うと、自然体に無理なく口を動かせるというメリットがあるのです。

●母音全体の発声「IEAOUレッスン」

・I→閉口形（口を横に開く）

・E→閉口形（口をさらに横に開く）

・A→閉口形兼開口形（口を大きく開く）

・O→開口形（顎を大きく下げ、口を少しつぼめる）

・U→開口形（顎を大きく下げ、口をさらにつぼめる）

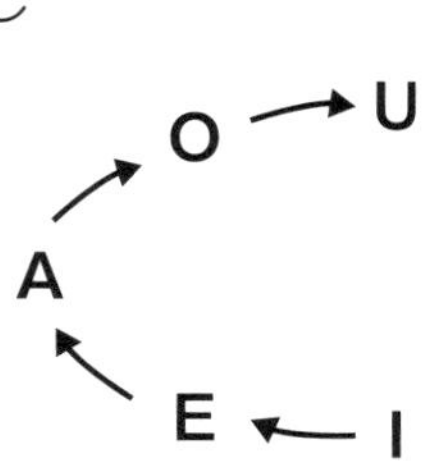

これがたとえば、「AIUEO」の順番通りだとしたらどうでしょう。口を横に大きく広げたかと思えば、次は顎を大きく開いて発声しなければなりませんし、その次は、また口を横に大きく広げなければならない……といったように口の形が混ざってしまいます。するとと、口が動かしづらくなり、発声がしにくくなってしまいます。

順番のメリットはほかにもあります。それはIから発すると、声帯のヒダが一番くっつきやすくなるため、言いやすいこと。

これは喉——声帯に負担がかかっていない証拠で、おしなべて言うと、閉口形から入ったほうが声帯のためにもいいのです。

いずれにしても、母音全部のレッスンを通しで行うときは、「ＩＥＡＯＵレッスン」を心がけ、暇を見つけては繰り返すようにしましょう。

数日も行えば（人によっては数時間で）、自分でもびっくりするくらい、いい感じの声になっていることを実感するに違いありません。

発声の応用メソッド1

開口形と閉口形の発声で、あなたはどちらが話しやすいか？

ここで、第１章で述べたことを思い出してください。私は次のようなことを言いました。

「はじめまして。○○○○（自分のフルネーム）です。よろしくお願いします」という言葉を口にしたとき、「はじめまして」が言いやすい（言いづらい）人もいれば、「よろしくお願いします」が言いやすい（言いづらい）人もいる。誰でも、必ずどちらかが言いやすく、どちらかが言いづらい。

その謎《なぞ》をここで解き明かしましょう。

まず「はじめまして」に注目してください。HAで始まり、TEで終わりますよね。HAは開口形&閉口形。TEは完全な閉口形。ということは、この言葉は閉口形ということになります。

「よろしくお願いします」はどうでしょう。YOで始まり、SUで終わっています。

YOは開口形。SUは無声音——この末尾の母音Uは、実際にはほとんど発音されません——となるため、その前の文字であるMAで判断してください。すると母音はAですから開口形兼閉口形。したがって、こちらは開口形ということになります。

「はじめまして」が言いやすい人は、閉口形の発声が得意。
「はじめまして」が言いづらい人は、閉口形の発声が苦手。

■「はじめまして」「よろしくお願いします」の発声

「はじめまして」
（閉口形）

「よろしくお願いします」
（開口形）

「よろしくお願いします」が言いやすい人は、開口形の発声が得意。
「よろしくお願いします」が言いづらい人は、開口形の発声が苦手。

ウソか本当か、「AOUレッスン」と「IEAレッスン」を思い出してみてください。「AOUレッスン」が比較的すんなりいった人もいれば、そうでない人もいたと思います。「IEAレッスン」が比較的すんなりいった人もいれば、そうでない人もいたと思います。両方、すんなりいった人はまずいないでしょう。

これも理屈はまったく同じです。

「AOUレッスン」が比較的すんなりいった人は開口形が得意で、そうでない人は開口形が苦手。「IEAレッスン」が比較的すんなりいった人は閉口形が得意で、そうでない人は閉口形が苦手……。

「はじめまして」が言いやすい（言いづらい）理由、「よろしくお願いします」が言いやすい（言いづらい）理由が、これで納得いただけたのではないでしょうか。

でも、どちらかが苦手なことがわかっても落ち込むことはありません。むしろ、わかっただけでも大きな収穫というもの。なぜなら、この苦手意識を克服するためにこの本をこうして書き著しているのですから。

発声の応用メソッド2

閉口形と閉口形それぞれの発声のポイント

閉口形と閉口形の苦手意識は、どうすれば克服できるのでしょうか。

閉口形の母音（IとE）を発するときは、口を横に開き、口角を上げることがポイントになります。**笑顔をなるべく意識しながら、にっこりとした表情でしゃべる**ようにしてください。

「はじめまして」を例にとると、「IEAレッスン」のところでも述べたように、この言葉は閉口形となるので、最初の「HA」を発するときは口を大きく開けるのではなく、できるだけ横に広げるようにして、最後の「TE」は口を思い切り横に開くようにするのです。その際、いずれも口角を上げることを忘れないようにしましょう。

そうすれば、おのずとにっこりとした表情になります。

開口形の言葉の場合は、**やわらかくできるだけゆっくりとした口調でしゃべる**ことが大切になってきます。

おさらいを兼ねて言うと、開口形の母音を発するときは、大なり小なり、丸みを帯びた形で口を開けなければなりません。

ということは、急いでしゃべると、口（喉）が疲れてくるし、人によってしどろもどろ状態になります。これでは相手も聞き取りづらくなります。

しかし、やわらかくゆっくり母音を発すれば、しゃべり方も楽になるし、相手も聞き取りやすくなります。ですから、「よろしくお願いします」を例にとると、最初の「ＹＯ」を発するときは顎を大きく開きながら口をつぼめ、最後の「ＳＵ」は無声音なので、軽く「ス」とゆっくり言えばいいわけです。

そうすれば、おのずとやわらかく、ゆっくりとした口調でしゃべることができるようになります。

発声の応用メソッド3

自己紹介に必要なあなたの名前にも閉口形がある

これで「はじめまして」（閉口形）と「よろしくお願いします」（開口形）の要領はだいたいつかめたと思います。

しかし、これだけではまだ不十分。今度は中間部分の「○○○○（自分のフルネーム）です」にも注意を払う必要があります。

まず、しっかりと認識してほしいのは、**あなたの名前（フルネーム）にも開口形と閉口形があるということです。**

たとえば、あなたの名前が三浦耕平（みうら・こうへい）さんだとします。

三浦の「み（MI）」は母音がIのわけですから、閉口形で始まります。

耕平の「い（I）」も同じく母音がI。これも閉口形です。

ということは、当然、閉口形の発声となるので、口を横に開き、口角を上げるように意識することが大切です。

つまり、にっこりとした表情で穏やかな口調でしゃべるように心がければいいのです。そうすれば、相手は好印象を抱くこと間違いないし、何よりも自分の表情や心もポジティブになります。


では、あなたの名前が村田真由（むらた・まゆ）さんだとしたらどうでしょう。

村田の「む（ＭＵ）」は母音がＵ。開口形で始まります。

真由の「ゆ（ＹＵ）」も同じく母音がＵ。開口形で終わります。

そうなると、最初も最後も、口をつぼめることがポイントになるため、やわらかくゆっくりとした口調でしゃべればいいわけです。そうすれば、相手に正確に自分の名前が伝わりやすくなります。

■閉口形と開口形のフルネーム

口を横に開き
口角を上げて、
にっこりとした表情で
穏やかに発声

三浦耕平

「MU」「YU」は
口をつぼめて、やわらかく
ゆっくりと発声

村田真由

発声の応用メソッド4

2つの発声法が混ざった名前の場合のポイント

世の中、フルネームの母音が開口形（閉口形）で始まり、開口形（閉口形）で終わる人ばかりとは限りません。

水戸の黄門様こと徳川光圀（とくがわ・みつくに）のように、開口形（TO）で始まって、閉口形（NI）で終わる人もたくさんいます。

京セラの創業者・稲盛和夫（いなもり・かずお）さんのように、閉口形（I）で始まって、開口形（O）で終わる人もたくさんいます。

では、そういう人はどのような口調で自己紹介をすればいいかというと、まず**苗字と名前を区切る**ことから始めてください。

そして、苗字の最初と最後の母音、名前の最初と最後の母音を意識するのです。

たとえば、徳川光圀ですと、徳川はTO・KU・GA・WAと全母音にわたって開口形

■閉口形と開口形が混ざったフルネーム

が含まれています（GAとWAは開口形兼閉口形）。

これに対し、光圀はMI・TU・KU・NIと最初と最後の母音は閉口形です。

したがって、「徳川光圀です」と言う場合は、苗字を口にするときはやわらかくゆっくりとした口調でしゃべり、名前を口にするときはにっこりとした表情で穏やかな口調でしゃべるようにすればいいのです。

では、稲盛和夫の場合はどうでしょう。稲盛はI・NA・MO・RIと最初と最後の母音は閉口形。和夫はKA・ZU・Oと全母音が開口形（KAは開口形兼閉口形）になっています。

つまり、苗字を口にするときは、にっこりとした表情で穏やかな口調で、名前を口にするときは、やわらかくゆっくりとした口調でしゃべればいいのです。

発声の応用メソッド5

自己紹介の名前の最後にくる「です」「ます」の発声ポイント

ところで、フルネームの開口形・閉口形を問わず、自己紹介する場合は、にっこりとした表情で穏やかな口調で締めくくったほうがいいときもあれば、やわらかくゆっくりとした口調で締めくくったほうがいい場合もあります。

なぜだか、わかりますか？

自己紹介するとき、「はじめまして。村田真由。よろしくお願いします」とは言いませんよね。

「村田真由です」と、必ず「です」をつけます。

「です」の「す（ＳＵ）」は無声音です。ということは、**その１つ手前の「で（ＤＥ）」の閉口形の母音が判断材料**になるわけです。

したがって、「村田真由です」というときは、にっこりとした表情で穏やかな口調でしゃべったほうが好ましいのです。

では、「村田真由と申します」という場合はどうでしょう。

「ます（ＭＡＳＵ）」の「す（ＳＵ）」は無声音のため、**その１つ手前の「ま（ＭＡ）」の発声が重要**になってきます。

ＭＡの母音は開口形と閉口形を兼ねています。

つまり、こちらの場合は開口形なので、やわらかくゆっくりした口調でしゃべることが大切になってくるのです。

発声の応用メソッド6

開口形と閉口形の違いを知っていればさまざまな場面で使える

「開口形の言葉はやわらかくできるだけゆっくりとした口調でしゃべる」
「閉口形の言葉はにっこりとした表情で穏やかな口調でしゃべる」

これが基本の発声です。

これは先ほど例に挙げた、「はじめまして」「よろしくお願いします」といった言葉以外にも、日々のいろいろな場面で使うことができます。

たとえば「ありがとう」という言葉があります。

この言葉は**Aの母音で始まり、Uの母音で終わるので開口形**です。

ということは、やわらかくできるだけゆっくりとした口調でしゃべったほうがいいということになります。

この「ありがとう」を口にするとき、あなたはどんな言い方をしていますか。

部下や後輩にお茶を入れてもらったときなど、温かみを感じない無機質な言い方をしていませんか。あるいは「ありがと」と、最後の「う」が抜けたような、つっけんどんな言い方をしていませんか。

それだと感謝の気持ちがあまり伝わらないため、部下や後輩もそれほどうれしいとは感じないと思います。ですから、そういうときこそ、やわらかくできるだけゆっくりとした口調で「ありがとう」と言ってあげてほしいのです。

そうすれば、感謝の気持ちが必ず伝わるし、部下や後輩の存在価値を高めることにもなります。

では、「行ってらっしゃい」という言葉はどうでしょう。

こちらは**最初の母音も最後の母音もI。閉口形の典型**です。

したがって、部下が「打ち合わせに行ってきます」と言ってきたら、「行ってらっしゃい」と、にっこりとした表情で穏やかな口調で送り出してあげてほしいのです。くどいようですが、その際、口角を上げることも忘れないように。そうやって、笑顔で送り出してあげれば、部下のモチベーションもアップするに違いありません。

あるいは、あなたが職場の仲間に向かって「行ってきます」という場合も、笑顔を大切にするべきです。

「行ってきます」の最初の母音はI。最後のSUは無声音。SUの1つ手前の開口形と閉口形を兼ね備えたMAの母音が重要になってきます。

つまり、「行ってきます」も閉口形なので、同じくにっこりとした表情で穏やかな口調を心がけてほしいのです。そうすれば「あいつ、やる気満々だな」「テンション高いな」ということで、それに触発されて、職場のメンバーの士気も高まるに違いありません。

発声の応用メソッド7

会話はどの母音で始まり、どの母音で終わるかに注意する

こうして見ると、声の出し方・発声の仕方によって、周りの人に与える印象がだいぶ違ってくることがおわかりいただけたのではないでしょうか。

だとしたら、これからは**「この言葉は開口形かな？　閉口形かな？」**といったことを意識しながら、どの母音で始まり、どの母音で終わるかに敏感になるといいと思うのです。

実際、私たちが常套語《じょうとうご》のように用いている開口形・閉口形の言葉は、ほかにもたくさんあります。

こんにちは（開口形）
おつかれさま（開口形）
いただきます（閉口形）
いらっしゃいませ（閉口形）

「おつかれさま」という言葉1つとっても、退社するときに、上司からやわらかくゆっくりとした口調で言われたら、なんとなく気分が良くなりますよね。いかにもねぎらわれた

開口形＆閉口形のフレーズ

■開口形のフレーズ

こんにちは → KO・N・NI・CHI・WA

おつかれさま → O・TSU・KA・RE・SA・MA

ただいま → TA・DA・I・MA

■閉口形のフレーズ

いただきます → I・TA・DA・KI・MA・SU

いらっしゃいませ → I・RAS・SYA・I・MA・SE

いいね → I・I・NE

という気持ちに変わります。

退社後、同僚と居酒屋に入ったとき、開口一番、お店の人から「いらっしゃいませ」と、にっこりとした表情で穏やかに言われたらどうでしょう。ホッとします。

あるいは、穏やかではないものの、笑顔で威勢よく「いらっしゃーい」と言われても気分がいいですよね。「よーし、商談もまとまったことだし、今夜は飲むぞ！」と上機嫌になります。

そうです。母音の特性を生かした発声法は格好のコミュニケーション・ツールとなってくれるのです。それによって、周りの士気が上がり、誰からも好感を持たれるようになるのです。

しかし、今まで述べてきたことは最良の声を出すための必要最低条件であって十分条件ではありません。

では、そのほかに、どういったことを心がけたらいいのでしょうか。

呼吸について1

声に自信のない人の呼吸は口呼吸

あなたは息を吸うとき、鼻から吸っていますか？　それとも口から吸っていますか？

いきなりこう言われたら、戸惑ってしまう人が多いのではないでしょうか。

もし、あなたがそうだとしたら、おそらく口から息を吸う「口呼吸」をしているはずです。

念のため、鼻でゆっくり息を吸ってから、口で「フー」と吐《は》く。これを数回繰り返してみてください。

どうです？　違和感を覚えますか？　それとも違和感なくできますか？

もし、違和感を覚えるようなら、これはもう完全にいつも口呼吸をしている証拠。これからは、ぜひとも鼻呼吸に切り替えてください。

口呼吸は呼吸が浅く、声帯に息が直接冷たい風となって当たるため、声が枯《か》れやすくなるという難点があります。

呼吸が浅いと、短いフレーズしか口にできなくなります。そのため、話もブツブツと細切れ状態となり、相手に不快感を与えることにもなりかねません。

商談やプレゼンの発表や就活面接のとき、そうなったらもう完全にアウト。電話営業ならば、相手にガチャンと切られてしまうのがオチです。

しかし、鼻呼吸を習慣にしてしまえば、そんな心配もなくなります。むしろ、いいことずくめです。

詳細はこの後、お話ししますが、鼻で息を吸えば、息が長く続くため、脳にもたくさんの酸素が行きわたるようになります。それによって、**心を落ち着かせたり、頭の回転が良くなる効果**が期待できます。

また、何よりも鼻から息を吸うことで、お腹にも自然と息が入っていくので、「腹式呼吸」を楽に行うことができます。

つまり、いちいち腹式呼吸を意識しなくても、鼻から吸って、声を出すようにすれば、おのずと腹式呼吸の状態でしゃべれるようになるのです。

■鼻呼吸と口呼吸

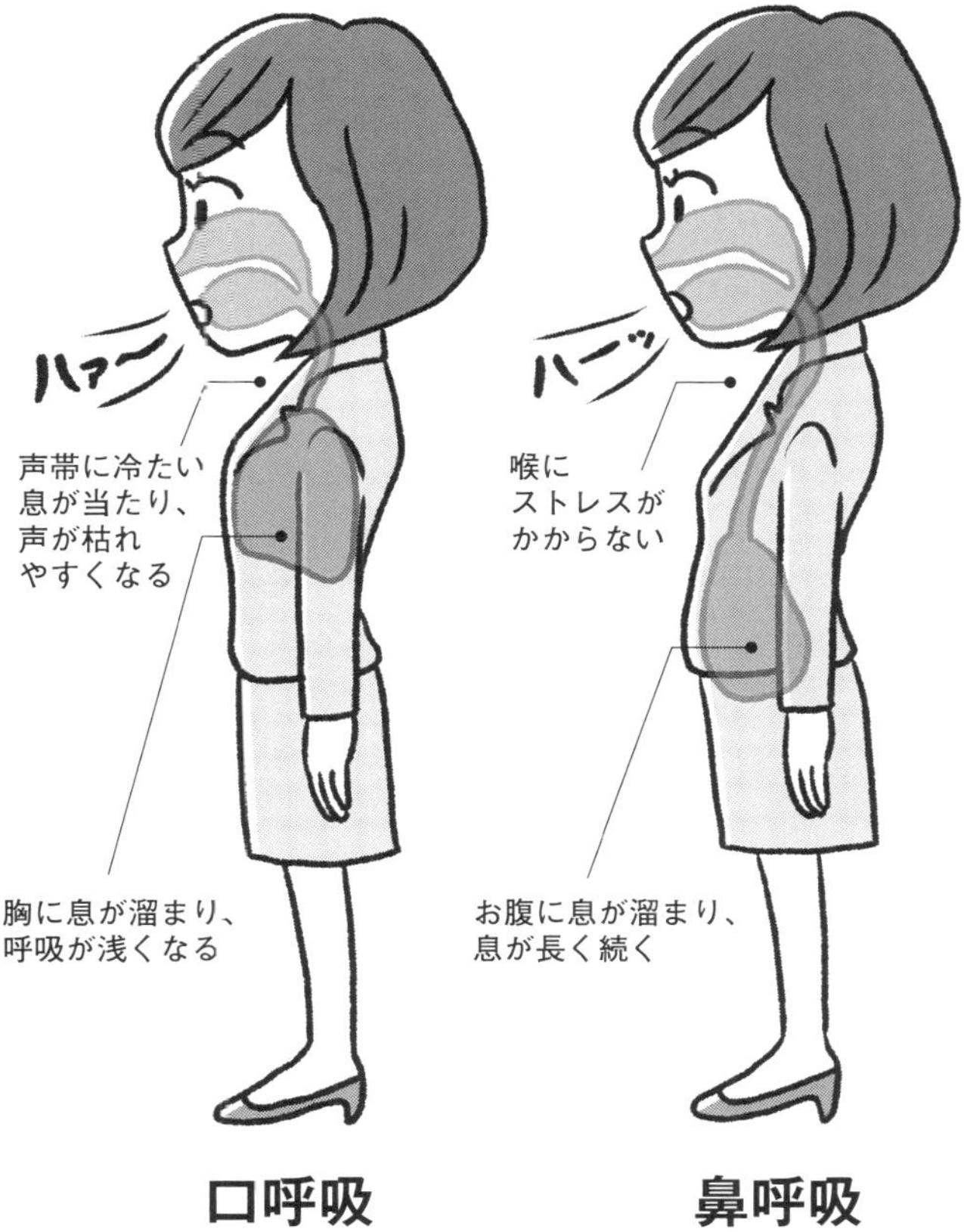
ハァ〜
声帯に冷たい
息が当たり、
声が枯れ
やすくなる
胸に息が溜まり、
呼吸が浅くなる
ハーッ
喉に
ストレスが
かからない
お腹に息が溜まり、
息が長く続く
口呼吸
鼻呼吸

呼吸について2

鼻呼吸をすることによるたくさんのメリット

鼻呼吸には、具体的にどんなメリットがあるのでしょう。

まず、先ほども述べたように、鼻呼吸をすると、脳にも酸素が多く回るようになるため、心が落ち着いた状態になる点を挙げることができます。

自分で試してみるとわかりやすいと思いますが、口呼吸はイコール胸呼吸のため、「ハアハア」といったように、なんとなくせわしさがあります。

ところが、鼻から息を吸うと、「間」ができます。この「間」が重要ポイントで、**間があるといろいろなことが冷静に考えられるという利点**があるのです。

たとえば、上司が部下と一緒に得意先に商談に赴いたとします。

ところが、プリントアウトしたその企画書を部下が持参し忘れました。もうすでに、2人は得意先の玄関口にいます。引き返す時間などありません。

そういうとき、上司はとにもかくにも鼻呼吸に切り替えたほうがいいのです。

そうすれば、部下に対してカッとなったり、興奮することもなく、心を落ち着かせることができます。

むしろ、「自分のタブレットに社内にいる別の部下からデータを送ってもらおう」といったように、対処策がひらめく可能性もあるのです。

呼吸について3

最高のパフォーマンスは鼻呼吸から生まれる

鼻呼吸のメリットはほかにもたくさんあります。

この本のテーマに即して言うと、鼻呼吸を行うことによって、**ハリのあるよく通る声が出せるようになる点も大きなメリット**の1つです。

鼻呼吸をすれば息（空気）がおのずとお腹に入るようになり、お腹にしっかり溜まった空気を口から出せば、声にもハリが出るようになるからです。

これが口呼吸だと、息（空気）が胸に溜まってしまいお腹にまで入っていかなくなります。ということは、吐く息の量も限界があり、どうしても息がもれやすい声になってしまうのです。

鼻呼吸によってもたらされる声の恩恵はそれだけではありません。

人間の自律神経は交感神経と副交感神経から成り立っていて、何かに集中していたり、緊張しているときなどは交感神経が高まり、**リラックスしているときは副交感神経が高まる**ようになっています。

鼻呼吸はイコール深呼吸。つまり、深呼吸をすることによって交感神経の働きが弱まり、副交感神経の働きが高まるようになるのです。

副交感神経の働きが高まるとどうなるか。だんだんとリラックスしていくわけですから、緊張感が緩和され、血圧や心拍数も下がるようになります。

大切なのはここからで、そうなればその状態があなたの声にも反映されるようになります。

商談の場、プレゼンの場、面接の場などにおいては、鼻から息を吸うたびに「間」ができるため、ひと呼吸おいて、ゆったりとした口調でしゃべれるようになります。

商談や面接などで、相手から突っ込んだ質問をされても、焦ったり、気が動転することもありません。

鼻呼吸をすることで、相手の話を傾聴しながら言うべきことが頭の中で整理できるため、声がうわずることもなければ、モゴモゴとこもることもありません。ゆったりとした口調はそのままキープが可能です。

それによって、**より自分らしい最高のパフォーマンスが発揮できるようになる**のです。

ちなみに、声の出し方とは直接関係ありませんが、イライラしているときは、鼻の穴を指で左右片方ずつ押さえながら鼻呼吸を行ってみるのも1つの方法です。

右の鼻の穴から息を吸って吐く。左の鼻の穴から息を吸って吐く。これは通常の鼻呼吸を行うよりも倍の時間がかかります。しかし、そうすることによって呼吸が瞬く間に整い、イライラが解消。心がみるみる落ち着いてきます。問題を抱えていても冷静な判断が下せるし、いいアイディアも湧いてきます。

意外と効果があるので試しにやってみてはいかがでしょうか。

腹式呼吸法1

「腹式呼吸」は横隔膜を使う

さて、鼻呼吸の大切さがおわかりいただけたら、次はいよいよそれをベースにした腹式呼吸を行う番です。

その前にあなたにお尋ねしますが、横隔膜《おうかくまく》が身体のどこにあるかご存じですか？

エッ？　なんとなく？　でも、腹式呼吸を行うためには横隔膜を意識しなければならないので、位置を知っておくことも重要です。

そこで、はじめに横隔膜のある場所を確認しておきましょう。

まず、喉のあたりから下に向かって骨をたどっていってください。

すると、みぞおちのあたりで骨がなくなる箇所があります。

そこから、両手で外側に向けて、骨（肋骨の最下部）をたどってみましょう。

そのあたりから、おへそのあたりまでのゾーン。ここに横隔膜があります。

この横隔膜を使って（意識して）発声をしていくのが、私が編み出した**「島田式腹式呼吸発声法」**なのです。

■横隔膜の位置

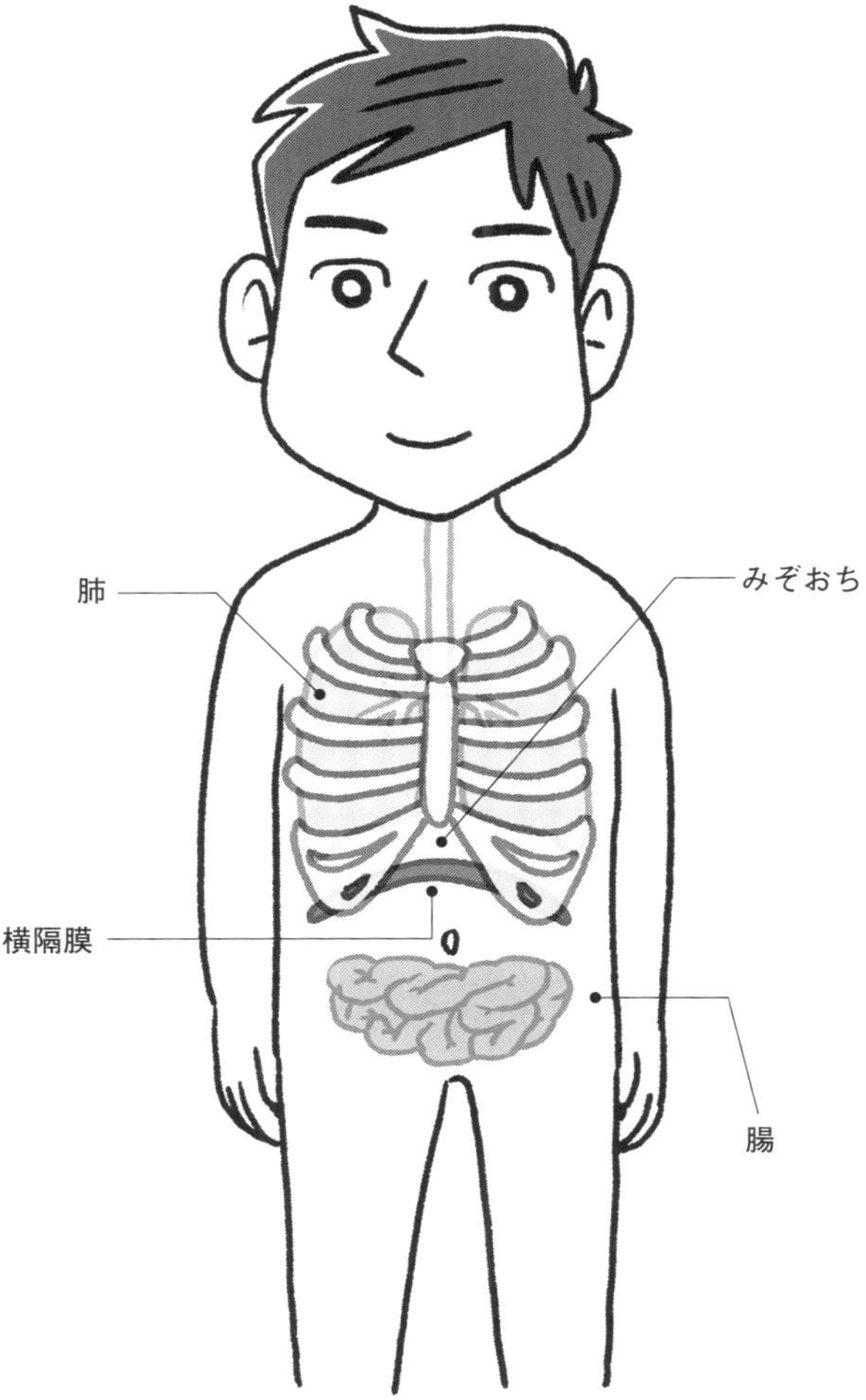

腹式呼吸法２

簡単！　１分でできる「腹式呼吸法」

それではさっそく、「島田式腹式呼吸発声法」を説明しましょう。

「島田式腹式呼吸発声法」

１．下腹部に両手を軽く当てる。
２．鼻から息を吸う。
３．お腹がふくらんだ状態をキープする。
４．お腹がふくらんだ状態をキープしたまま、口から息をスーッと吐く。
※息を吐くとき大切なのは、インナーマッスルを鍛えるのとは異なり、お腹のふくらみをキープすること。胴体を土管のように筒状に保つイメージです。

以上が、基本動作。この基本動作をマスターしたら……、

5．今度は口から息を吐くとき、お腹のふくらみをキープしたまま（胴体が土管のように筒状になったままの状態）で、「あ」「あ」「あ」と声を出す。

※「あ」の声を発するときは、顎を大きく開き、口をしっかり開ける（指が2本分縦に入るくらいの大きさ）。そして、下の歯の裏の部分に舌先をつける（84ページ参照）。

いずれにしても、声を出すとき、お腹のふくらみを意識し、胴体を土管の状態にすれば、「あ」の声はかなり響いていきます（逆にお腹がゆるまった状態だと、声は響くこともなく、遠くへ飛んでいかなくなります）。

また、せっかくなので前述した「AOUレッスン」「IEAレッスン」、そして「IEAOUレッスン」も併せて行ってみてください。

各々15秒。これならトータル1分間で行えます。

それと、この腹式呼吸発声法を行う前に、第1章で述べた「声を出す前の3分間スト

■島田式腹式呼吸発声法

レッチ」も必ず行ってください。

今日からさっそくレッスンを始めれば、数日後には（早い人は数時間後）自分でもびっくりするほどの声の響きを感じるに違いありません。

腹式呼吸法の応用1

腹式呼吸ができれば声の大きさを自由に調節できる

腹式呼吸発声法を行えば、ハリのあるよく通る声が出せるようになり、かなり響くようになります。

しかし、なかにはこう反論する人もいるかもしれません。

「あまり効果を感じないし、相変わらず、声がか細く小さいような感じがする……」

そういう人はズバリ息を吐く量――息圧に問題があります。

ロウソクの灯を息で吹き消すときのことを思い出してください。

「フーッ」と強く吹けば、簡単に消えますが、弱いとなかなか消えませんよね。

これは息圧が弱い証拠。同様に、吐く息の量が足らないと、小さく、か細い声しか出ないのです。**息の量は声の大きさと比例する**のです。

こういうと、またまた「私は生まれつき声が小さいから、今さら大きな声なんて出せないよ」と反論する人がいるかもしれませんが、それは思い違いもいいところ。勝手にそう思い込んでいるだけにすぎません。

たとえば、ボリュームの調節が10段階可能のオーディオ機器があるとします。

ふだんはボリュームをレベル3にして音楽を聴いていても、「もっと大きな音で聴きたい」というときは、レベルを4、5とどんどん上げることができます。

逆に「小さな音で聴こう」というときは、レベルを2や1に下げることもできます。

あなたの声も同じ。その気になればボリュームのレベルをどんどん上げていくことができるのに、自分はこれくらいの声しか出せないと勝手に思い込んでいるだけなのです。あなたが知らないだけであって、今よりももっと大きな声・力のある声が出せるようになるのです。

腹式呼吸法の応用2

腹式呼吸を使って「息圧を強くするためのレッスン」

大きな声・力のある声が出せるようになるためには、息圧を強くするためのレッスンを行う必要があります。

やり方としては、以下の手順を踏むようにしてください。

息圧を強くするためのレッスン

1．姿勢を正す

息圧を強くするためのレッスンを行うにあたって大切なことがあります。

それは「姿勢」です。

立ってレッスンを行う場合は、両足に同じように重心をかけ、足の親指を意識して立つようにしましょう。そうすることで自然と姿勢がピンと真っすぐになります。このとき、カカトは地面に着くか着かないかくらい、リラックスした状態に保っておきます。

座って行う場合は、足の親指に力を入れ、椅子にお尻が軽く乗るくらいの感じで、あまり深く腰掛けないようにしましょう。腰に手を当て押したとき、反発するくらいの状態がベストです。

いずれにせよ、この姿勢を保てば、お腹に息が自然と入りやすくなります。

2. 基本レッスン

まずは、鼻で息を吸い、口から息を吐くことを慣らすためのレッスンです。

鼻でたっぷりと息を吸い、お腹にとにかくいっぱい息を溜めてから、無声音で「スー」と思い切り息を吐き切る練習から始めましょう。

お腹は凹まないように、ふくらんだ状態のまま、「スー」という無声音がうるさく感じるくらいがちょうどいいかもしれません。

これを5回ほど行ってください。

3．1秒に1回ずつ息を吐くレッスン

「こんにちは」「お世話になります」というとき、「こ」や「お」といった語頭がモゴモゴした感じで不明瞭《ふめいりょう》だと、その後に続く言葉も小さく不明瞭になります。そうならないためには、最初の言葉を勢いづける必要があり、これはそのためのレッスンです。

1秒間に1回、「スッ」と鋭く息を吐く感じで、これを「スッスッスッ」と合計3秒行うようにしましょう。この「スッスッスッ」を1セットとし、少し間を置くなどして、5～10セットほど繰り返してください。「スッスッスッ」と息を吐き切ったら、鼻で息を吸い、お腹にしっかり溜めてから、再び「スッスッスッ」と息を吐き切るのがポイントになります。

4．2秒かけて1回ずつ息を吐くレッスン

「はじめまして。○○○○（自分のフルネーム）です。よろしくお願いします」というフレーズを口にする場合、ある程度の秒数がかかります。ということは、ある程度長いフレーズを大きな声・力のある声・よく通る声でしゃべらなくてはなりません。

そのためのレッスンがこれ。1秒で鼻から息を吸い、2秒かけて口から「スーッ」

と息を吐く。再び、1秒で鼻から息を吸い、2秒かけて口から「スーッ」と息を吐く。これも5~10回ほど繰り返すようにしましょう。

5. 3秒かけて1回ずつ息を吐くレッスン

2秒かけて1回ずつ息を吐くレッスンの次は、3秒かけて1回ずつ息を吐くレッスンです。これは語尾までしっかり言えるようにするためのものです。

このレッスンはちょっと難しいのでイラストを交えながら説明していきましょう（137、138ページ参照）。

a. おへそのあたりにどちらかの手を当て、鼻から息をたっぷりと吸う。

b. お腹をふくらませた状態で、お腹に溜めた息を口から吐きながら、その手を大きな円を描くように（頭でイメージしながら）、胸から顔へと持っていく。

c. さらに手を頭上へと大きく伸ばす。

d. おへそにある息を、グルッと円を描くかのように移動させ、おへそのあたりまで戻す。

■3秒かけて１回ずつ息を吐くレッスン

ⓐ
鼻から
たっぷり
息を吸う
おへそあたりに手を当てる

フー
ⓑ
お腹に溜めた
息を吐きながら、
手を大きな円を
描くように
胸から顔へ
お腹はふくらませた状態

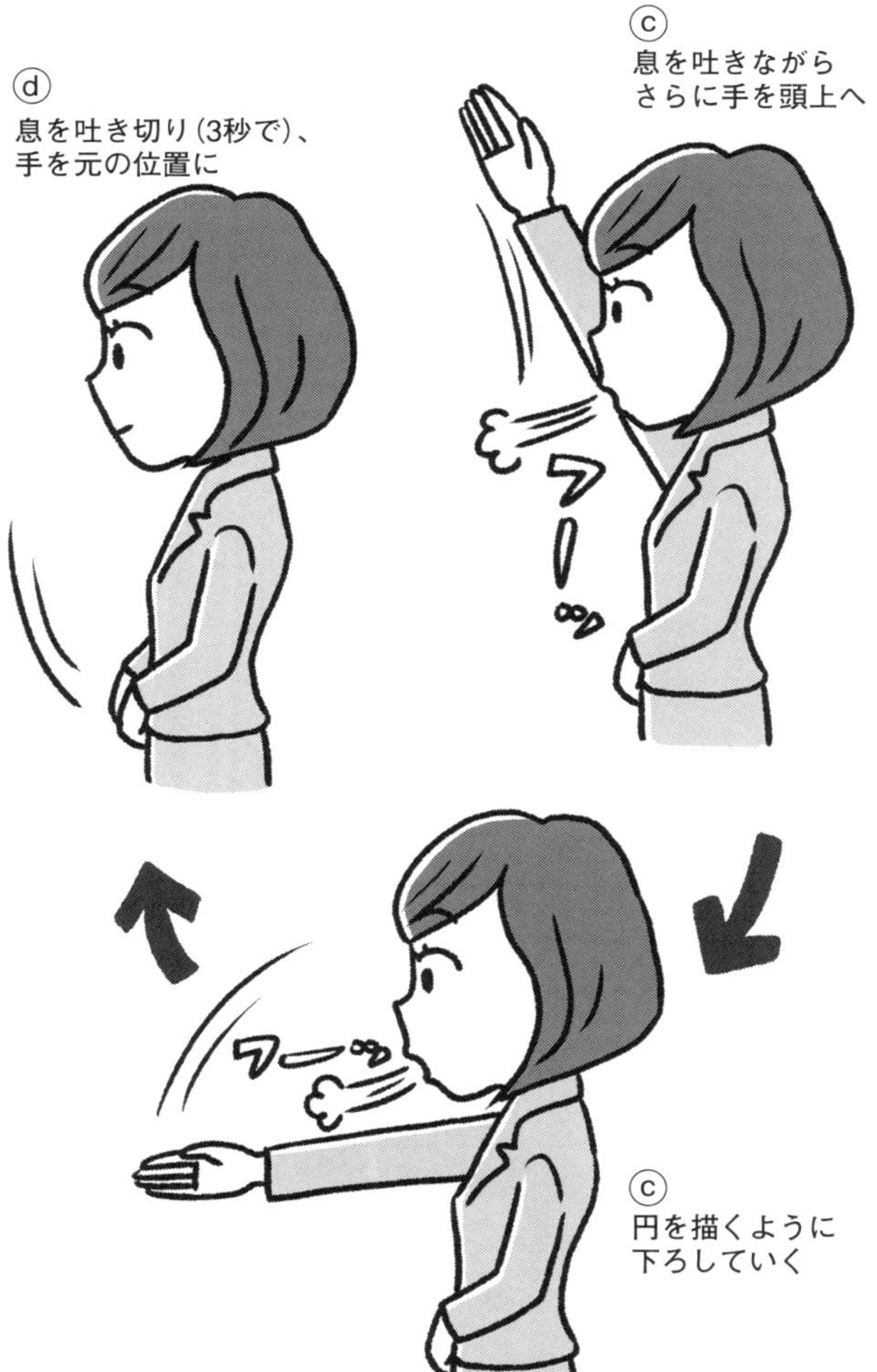
ⓓ
息を吐き切り（3秒で）、
手を元の位置に
ⓒ
息を吐きながら
さらに手を頭上へ
フー…
フー…
ⓒ
円を描くように
下ろしていく

ポイントは手を使うこと。まず、片手をおへそに当て、グルッと大きな円を描くように移動させ、おへそのあたりまで戻すようにします。このとき、息を手の動きと連動させて同じ位置に持っていくようにイメージしてください。胸、顔、頭上を経由して、またおへそに戻ってくるまでの時間を3秒とし、その間に息を吐き切ること。ビギナーは息を吐きながら、「1、2、3」と心の中で唱えてもいいでしょう。

これも5～10回ほど繰り返すようにしてください。

6．4秒かけて息を吐くレッスン

「この商品でお間違えございませんか？」

「コーヒー、紅茶、どちらになさいますか？」

「この予算でご検討していただけますか？」

こう言うとき、語尾を上げますよね。語尾をきちんと上げるためには、息を吐き切らなければなりません。そのためのレッスンがこれです。

まず、肘《ひじ》を伸ばし、片方の手の人差し指を目線よりも少し上に持っていきます。そ

■4秒かけて息を吐くレッスン

うしたら、人差し指の爪に向けて息をスーッと4秒かけて吹きかけるようにしましょう（前ページイラスト参照）。

これも基本は同じで、必ず鼻から息を吸い、お腹にしっかり溜めてから、吐くようにすること。4秒のタイムは片方の指で「1、2、3、4」と数えます。

ちなみに、人差し指を目線よりも少し上に持ってくることには理由があり、語尾を上げるときは息も上に向かって吐くため、それをスムーズに行えるようにするためです。

これも5～10回ほど繰り返すようにしてください。

声の出し方1

ＴＰＯに応じて声の大きさをギアチェンジする

「最速最短！　最良の声を出すためのレッスン」もいよいよ佳境に入りました。

続いては、場面に応じて、一瞬で声を変えるためのレッスンです。

言うまでもないことですが、声のボリュームにもＴＰＯというものがあります。

お通夜の席で喪主に向かって大声で「このたびはご愁傷様《しゅうしょう》です」とは言いませんよね。何十人もいるプレゼンの場で小さな声で「これから弊社の新サービスについてご説明させていただきます」とは言いませんよね。

そうです。静かにしなければならない場所とザワザワした場所とでは、当然音量が違ってきます。つまり、**声のギアチェンジも必要になってくる**のです。

その場合の基本も「あ」の発声音です。

「あ」を発するときは、顎を大きく開き、口をしっかり開けること（指が2本分縦に入るくらいの大きさ）。そして、下の歯の裏の部分に舌先をつけること。目線は相手の目元あたりに持っていくようにしてください。

あなたがこれまで行ってきたレッスンの「あ」は、あくまで喫茶店や会社の応接室などで「1対1で話すときのボリューム」です。

これを通常のボリューム（声量）だとしたら、数字で表した場合「5」。

しかし、お通夜の席、あるいは病院の待合室などで、小声で話すときは、「2」か「3」

に下げるようにするのです。

試しに、「はじめまして。○○○○（自分のフルネーム）です。よろしくお願いします」と小さな声で言ってみましょう。

どうでしょうか？　5のボリュームが2か3になりましたか？

ポイントは姿勢を変えずに相手の口元を見る程度に目線だけを下げること。そうすると、通常よりも低い声になり、息のスピードも緩やかになるはずです。

これも何度か練習すればクリアできるようになります。


では、会議室やプレゼンの場など、大勢の人がいる前でしゃべるときは、どれくらいのボリュームにすればいいかというと、通常の5に対し、8くらいに設定します。そう、約1・5倍です。

こう言うと「大きな声を出すと、声そのものが高くなりうわずってしまう」と思う人もいるかもしれませんが、それは当たり前のこと。大きな声を出すと、誰でも若干高めになるのです。キーキーするような甲高い声は考えものですが、声のトーンが少し高めで、なおかつ息のスピードも若干アップテンポになっていれば大丈夫です。

このとき、目線はやや上を見るようにします。しかし、顔を上げたりはしないでください。姿勢などはそのままで、目線だけを少し上げて遠くを見るような感じです。

これも試しに「はじめまして。○○○○（自分のフルネーム）です。よろしくお願いします」と大きな声で言ってみてください。

どうですか？　うまく言えましたか？

場面に応じて声を3段階にギアチェンジする。これも最良の声を出すために大切なことなのです。

声の出し方2

相手に合わせて目線の高さを変えて話す

通常、人と会話をするときは、相手の眉間《みけん》のあたりに目線を置いて話すのが精神的にもリラックスでき、一番好ましいと言われています。しかし、相手かあなたのどちらかの声が、高すぎたり低すぎたりすると、お互いにどことなく不自然さを感じるようになります。そのせいでコミュニケーションがうまく図れないなんていうこともあります。

そうならないために、次の2点に注意を払うことが重要になってきます。

■自分よりも声が高めの人に対しては、ちょっと上目にして、通常のときよりもトーンを少し上げて話す。

■自分よりも声が低めの人に対しては、ちょっと下目にして、通常のときよりもトーンを少し下げて話す。

目線の位置と声のトーンは相関関係にあり、上目にすると声のトーンが上げやすくなり、下目にすると声のトーンが下げやすくなるからです。

試しにこれも自分でテストしてみてください。「あ」と発したとき、おそらく上目にすると声のトーンが上げやすくなり、下目にすると声のトーンが下げやすくなるはずです。

この要領で、他人との会話に臨んでほしいのです。

ちなみに、セミナーやプレゼンの席などで大勢の人の前で話すときなども、遠くを意識して上目にすると声のトーンが上げやすくなり、よく響きわたるようになります。

声の出し方3

最短の声のレッスンでCAになった就活生

さて、これで「最短最速！　最良の声を出すためのレッスン」はひと通り終了です。すんなりといったレッスンもあれば、そうでないレッスンもあったと思います。

しかし、1回や2回試してうまくいかなかったからといって、凹む必要はありません。大切なのは、この本の「はじめに」でも記したように「すなお」に取り組むこと。「すぐに、ならったことを、おもいきって」やってほしいのです。

そうすれば、人生が劇的に変わるようになります。いや、ミラクルさえ起きるようになります。

数年前になりますが、私は就活に励む女子大生にこの章で述べたレッスンを懇切丁寧にレクチャーしたことがありました。

郵便はがき

料金受取人払郵便

牛込局承認

4010

差出有効期限
平成32年5月
31日まで

162-8790

東京都新宿区揚場町2-18
白宝ビル5F

フォレスト出版株式会社
愛読者カード係

フリガナ お名前	年齢　　　歳 性別（男・女）
ご住所　〒 ☎　（　　）　FAX　（　　）	
ご職業	役職
ご勤務先または学校名	
Eメールアドレス メールによる新刊案内をお送り致します。ご希望されない場合は空欄のままで結構です。	

フォレスト出版の情報はhttp://www.forestpub.co.jpまで!

フォレスト出版　愛読者カード

ご購読ありがとうございます。今後の出版物の資料とさせていただきますので、下記の設問にお答えください。ご協力をお願い申し上げます。

●ご購入図書名　「　　　　」

●お買い上げ書店名「　　　　」書店

●お買い求めの動機は?

1. 著者が好きだから　2. タイトルが気に入って
3. 装丁がよかったから　4. 人にすすめられて
5. 新聞・雑誌の広告で（掲載誌誌名　　　　）
6. その他（　　　　）

●ご購読されている新聞・雑誌・Webサイトは?

（　　　　）

●よく利用するSNSは?（複数回答可）

□ Facebook　□ Twitter　□ LINE　□ その他（　　　　）

●お読みになりたい著者、テーマ等を具体的にお聞かせください。

（　　　　）

●本書についてのご意見・ご感想をお聞かせください。

●ご意見・ご感想をWebサイト・広告等に掲載させていただいてもよろしいでしょうか?

□ YES　□ NO　□ 匿名であればYES

彼女と初めて会ったときの第一印象は「すごい美人！」。でも、お話をうかがうと、どうやら数百万円もかけて美容整形や歯の矯正をしたらしいのです。

——それでも就活がうまくいかない……。

——書類選考や筆記試験でパスしても面接で毎回落とされる……。

こう嘆《なげ》く彼女でしたが、初めてお会いした瞬間から、私にはその理由が手に取るようにわかりました。

声がとにかく小さく、表情が暗いのです。そして、口呼吸しているのもすぐにわかりました。

ちなみに、彼女の夢はＣＡ（キャビンアテンダント）になることでしたが、声が小さく、表情が暗いというのはＣＡにとって致命的。合格できない原因がそこにあることは明白です。

しかも、面接まで2週間を切っていて、切羽詰まった状況でした。航空会社の面接もこれがラスト。うまくいかなかったら、彼女の夢もついえてしまいます。

そこでさっそくレッスンの開始です。

なかでも私がとくに力を注いだのは、口を横に開いて口角を上げてしゃべる「ＩＥＡレッスン」と鼻呼吸をベースにした「息圧を強くするためのレッスン」の２つでした。

「彼女の表情が暗いのは笑顔がないから。笑顔がない人はどんなに美人であっても面接官のウケが悪くなる。だとしたら、口を横に開いて口角を上げてしゃべるクセを短期間で身につけてもらおう。声と表情は連動しているから、閉口形の母音の発声が変われば、表情もおのずと笑顔に変わる」

「声が小さいのは口呼吸のせいでお腹から声が出ていないからだ。よし、これも短期間で鼻呼吸のクセを身につけてもらい、なおかつ大きな声が出せるように息圧を強くするためのレッスンにも励んでもらおう」

私はこう踏んだのです。

彼女の場合、「ＩＥＡレッスン」は比較的うまくいきましたが、問題は鼻呼吸でした。今までの習慣によって、口呼吸のほうが楽なようで、鼻呼吸に切り替えると、とたんに息苦しくなってしまうらしいのです。

しかし、ここが踏ん張りどころです。「数日もすれば（鼻呼吸に）慣れてきて、息苦しさもなくなりますよ」と励まし続け、彼女は苦手な鼻呼吸をマスターしました。すると別人かと驚くぐらい表情も明るくハリのある声に変わり、いざ本番の面接を迎えることになったのです。

その結果、どうなったと思いますか？

ミラクルが起きました。

なんとラストの航空会社の面接試験にみごと合格！　晴れてＣＡになることができたのです。

これはけっして特殊なケースではありません。

同じようなミラクルはあなたにも十分起こり得ます。

そのためには、この章で私が述べてきたこと、そして次章以降で述べることを、あなたの声が変わるまで繰り返し実践してほしいのです。

そうすれば、短期間で最良の声が出せるようになり、ビジネスでも成果が出て、ひいては最良の人生が送れるようになるのです。

第3章

営業・接客・面接・会議・プレゼン……での声と話し方

営業・就活での声と話し方の基本1

商談・プレゼン・面接……ビジネスでも大切なのは声

あなたは商談やプレゼンに臨むとき、いつもどんなことに注意を払っていますか。どの順番で何から話そうか？　お客様にどの商品（サービス）をお勧めしようか？　商品（サービス）をPRするうえで、一番強調しなければいけない点は何か？

おそらく、そういったことに意識が向いていると思います。

では、就活で面接に挑む人はどうでしょう。「こんな質問をされたら、こう返答しよう」といったようなことで頭を張りめぐらせると思います。

身だしなみも大切ですよね。ネクタイは曲がっていないか、スーツは汚れていないか、髪の毛は乱れていないか……。こういったチェックにも余念がないのではないでしょうか。

しかし、あなたは「大切な何か」を忘れてはいませんか？

それは、この本のテーマである「声」です。

実は、声はものすごく重要になってきます。なぜならば、声の出し方ひとつで、あなたの印象もガラリと変わるようになり、商談やプレゼンや面接のその後の展開も大きく変わるようになるからです。

プロローグでもお話ししましたが、私たちは心理学で言うところの「ハロー効果」の影響を少なからず受けています。人は特定の人間の評価をするとき、第一印象が良いとその人に対するイメージは良い方向にふくらんでいきます。逆に、第一印象が悪いとその人に対するイメージは悪い方向にふくらんでいきます。

その決め手となるのが「声」なのです。**第一声が良ければ、相手はあなたに好感を抱くようになり、あなたに対する期待値も高まる**ようになります。当然、あなたの話を真剣に聞こうとするようになるのです。

営業・就活での声と話し方の基本2

すべての失敗は「緊張」から始まる

話す順番も強調する部分も返答策も、しっかり頭の中に入れた。しかも、身だしなみでチェックした……。でも、実際のところはどうでしょう。

「今回も商談がまとまらなかった」

「また、プレゼンが通らなかった」

「やっぱり、この会社からも内定がもらえなかった」

こう嘆くあなたは、その場でものすごく緊張していませんでしたか。もしあなたが緊張していたら、おそらく自分でどんな声でしゃべったか思い出せないはずです。

なぜならば、多くの人が声を意識することがないからです。そこで、自分が緊張して話している場面を思い出して、次のことを確認してみましょう。

- **緊張のあまり、震えた声になったことはありませんか？**
- **うわずった声になったことはありませんか？**
- **早口で矢継ぎ早にしゃべってしまったことはありませんか？**
- **強い口調になったことはありませんか？**
- **小さな声、暗い声でモゴモゴとしゃべってしまったことはありませんか？**
- **声が出なくなってしまったことはありませんか？**

商談やプレゼンや面接で失敗した経験のある人はたいてい、このいずれかに該当します。

たとえば、商談に向かう際、周到な準備をしたにもかかわらず、緊張のあまり震えた声になると、相手はこんな印象を受けます。

「この人はこの商品（サービス）を勧めているけれど、本当は自信がないのかなぁ」

ということは、その先の展開も推して知るべしですよね。

あるいは、早口で矢継ぎ早にしゃべってしまうときの自分の心境を振り返ってみてください。

そういうときのあなたは、「今日は何が何でもクロージングまでこぎつけるぞ」と、契約を結ぶことに躍起になっていたはずです。

しかし、躍起になってしゃべればしゃべるほど、相手は圧迫感を感じ、引いてしまいます。そうなると、あなたが推している商品（サービス）には意識が向かなくなります。

では、面接で声が出なくなってしまったときはどうでしょう。

ただでさえ緊張しているのに、面接官からまさかの想定外の質問に頭が真っ白。どう返答していいのかわからず、言葉が出てこない。だから、声が出なくなってしまった……。

こうしてみると、商談やプレゼン、面接の失敗はすべて緊張から始まり、それが声に現れていることがおわかりいただけるのではないでしょうか。

発声のための注意点

緊張をやわらげ、心と声の状態を一致させる

緊張を緩和させ、自分にとっての最良の声を出すためには、どうすればいいのでしょうか。そのためには、前章で述べた発声レッスンを含め、以下のテクニックを取り入れることが重要になってきます。

発声のための注意点

■常に鼻から息を吸い、鼻呼吸を意識して声を出す

第2章でも述べたように、鼻呼吸をすると脳に酸素がたくさん行きわたるため、それだけでも心を落ち着かせることができます。また、鼻から息を吸うたびに「間」が

できるため、ひと呼吸おいて、ゆったりとした口調でしゃべれるようになります。

そこで、商談やプレゼンや面接に臨むときは、とにかく鼻呼吸を意識し、鼻から深くたっぷりと息を吸い、お腹のふくらみをキープしながら、口からゆっくり息を吐くような感じで声を出すようにしましょう。

■口角を上げ、笑顔を心がける

これもたびたび説明してきましたが、人と会ってしゃべるときは意識的に口を横に開き、口角を上げるようにします。要は表情筋を使うようにするのです。そうすれば、おのずとにっこりとした表情になりますが、慣れない人はとにかく「笑顔」「笑顔」と自分に言い聞かせ、にっこりとした表情でしゃべることを心がけてください。

商談やプレゼン、面接に臨む前に、軽く「ＩＥＡレッスン」を行ってみるのもいいでしょう。

■第一声は意識的にやや大きめの声を出す

「こんにちは」「はじめまして」という第一声を口にするときは、意識的にやや大きめの声を出すようにします。「この人、元気！」「覇気がある」という印象を相手に与えることができるし、何よりも自分の緊張感が緩和されるという利点があります。

もし、「大きすぎたかな」と思ったら、ちょっと小さくすればいいのです。

MAXを「10」と仮定して、通常のボリュームが「5」としたら、「6」を目安にしましょう。

■相手の声のトーンに合わせる

「こんにちは」「はじめまして」という第一声を口にすれば、当然、相手も第一声を返してきます。このとき、相手の声のトーンに敏感になり、それに合わせてしゃべるようにしましょう。

第2章でも述べましたが、自分よりも声が高めの人に対しては顎を少し上げて目線をやや上にすると声のトーンが上げやすくなり、自分よりも声が低めの人に対しては顎を少し下げ目線をやや下にすると声のトーンが下げやすくなります。

同じ声のトーンならばいつも通りのトーンで話せばOKです。

■相手のしゃべる速度に合わせる

トーンを合わせるだけでなく、しゃべる速度も最初は相手に合わせるようにしましょう。

相手が早口でしゃべる人であれば自分もやや早口に、相手がゆっくりしゃべる人であれば自分もややゆっくりしゃべるようにするのです。

そして、徐々にあなたらしいしゃべる速度に戻していきます。

いずれにしても、第一声で相手にインパクトを与えたあと、トーンのチューニング合わせと速度のチューニング合わせをすれば、商談などにおいては会話の主導権はほぼあなたが握ったことになります。

■常に口を開いて話す

声のトーンや速度を合わせることができたら、口を開いてしゃべることを意識しましょう。口を開かずにしゃべると、声がモゴモゴして、相手に話が伝わりにくくなるからです。

ただ、正確に言うと、口を開くというよりも、上の奥歯と下の奥歯に人差し指が１

本分入るくらいのスペースを開けてしゃべるようにするのです。

そうすることによって、最良の声が出せるだけでなく、顔の筋肉の緊張が緩和するため、表情がこわばらなくなるという利点もあります。


商談やプレゼンや面接の場で緊張しない人はいません。

しかし、今述べたことを意識しながら声を出せば、緊張が緩和し、自分のペースで相手と会話できるようになります。

すると、自信もつくし、心も明るくなります。それによって、自分らしく話せるようになり、望み通りの成果を出すことが可能になるのです。

挨拶での声と話し方1

母音を意識することで挨拶がスムーズになる

ビジネスシーンにおける第一声というと、あなたはどんなフレーズを連想しますか？

「おはようございます」「こんにちは」「はじめまして」「いらっしゃいませ」といった言葉ではないでしょうか。

「おはようございます」の最初の言葉は「O」。最後の言葉が「SU」。母音が「O」と「U」になるので開口形のフレーズになります。

このように最後の言葉が無声音になる場合もよくありますが、そのときは、無声音で話すことを前提として考えていきます。

これに対して「はじめまして」は最初の言葉は「HA」。最後の言葉は「TE」。母音が「A」と「E」になるので閉口形のフレーズということになります。

何が言いたいかというと、**声出しの基本は母音にあることを意識**して、第一声を口にするときは、開口形のフレーズはやわらかくゆっくりとした口調でしゃべるように心がけ、閉口形のフレーズは口角を上げにっこりとした表情でしゃべるようにしてほしいのです。

たとえば、次のようになります。

・おはようございます（「o」と「u」で開口形）↓やわらかくゆっくりとした口調でしゃべる
・こんにちは（「o」と「a」で開口形）↓やわらかくゆっくりとした口調でしゃべる。
・はじめまして（「a」と「e」で閉口形）↓口角を上げにっこりとした表情でしゃべる。
・いらっしゃいませ（「i」と「e」で閉口形）↓口角を上げにっこりとした表情でしゃべる。

これは第一声に限ったことではありません。

「ありがとうございます」「いってらっしゃい」「お世話になります」といったフレーズを口にするときも、どの母音で始まり、どの母音で終わるかをいつも意識します。それをもとに「このフレーズは開口形か？　閉口形か？」を瞬時に察知するようにするのです。

自信のない人は手帳などに、よく口にする「フレーズ一覧表」（開口形か閉口形を必ず明記）を作成しておくのもいいでしょう。

それでも、初めのうちは戸惑うかもしれませんが、パソコンのキーボード操作や車の運転と同じで、慣れてくればフレーズに合わせて、無意識にやわらかくゆっくりとした口調でしゃべったり、口角を上げにっこりとした表情でしゃべることができるようになります。

最初はフレーズを意識しながら意識レベルで取り組んでいることでも、慣れてくれば無意識レベルでできるようになるのです。

挨拶での声と話し方2

言葉は3文に区切って発声する

初めて商談先に赴いたとき、あるいは初めてプレゼンするときに、最初に口にする言葉――それは「はじめまして。□□□□（会社名）の○○○○（自分の苗字）です。よろしくお願いします」だと思います。

このフレーズを口にしたとき、どれくらいの時間を要すると思いますか？　個人差もありますが、だいたい3～5秒程度です。

そして、よく考察すると、このフレーズは3文節で成り立っています。

> **①はじめまして。**
> **②□□□□（会社名）の○○○○（自分の苗字）です。**
> **③よろしくお願いします。**

実は、ビジネスシーンの会話において、**この3文にいったん区切る**ことに注意を払ってほしいのです。

区切ることをせずに、「はじめまして。□□□□の○○○○です。よろしくお願いします。今日はとても暑いですね。都内は35度もあるそうですよ。お身体のほうは大丈夫ですか。夏バテとかしていませんか……」といったように、長いフレーズをダラダラとまくしたてたらどうなるか。

相手はそれだけでストレスを感じ、疲れてしまいます。ましてや、それが聞き取りづらい声だとしたら、その人に対するイメージは悪い方向にふくらんでいってしまってもおかしくありません。

エッ？　あなたがそうですって？

だとしたら、これからは「はじめまして。□□□□の○○○○です。よろしくお願いします」と3文に区切ったら、ひと呼吸置くようにしてみてください。そして相手に会話を譲るようにするのです。

すると、相手も「お待ちしていました。お暑い中、お越しくださいましてありがとうございます」などと返してくれ、会話のキャッチボールのきっかけがつかめるようになります。

そうしたら、今度はあなたがボールを投げ返す番です。

①今日は暑いですね。

②都内は35度もあるみたいですね。
③夏バテしていませんか。

といったようにいったん区切り、再び3文のフレーズを口にすればいいのです。

繰り返し言いますが、長いフレーズをダラダラと口にすると、相手はそれだけでストレスを感じ、疲れてしまいます。

しかし、3文でいったん区切ってしゃべれば、相手も話の内容が認知しやすくなり、レスポンスも返しやすくなります。

さらに加えて「暑いですね」「35度もあるみたいですね」と言うときに語尾に「NE」をつけるだけで閉口形になるので、自然と口角を上げてにっこりとした表情で話せるようになります。すると相手もつい、「本当に暑いですね。熱中症にならないよう気をつけないと……」といったように、レスポンスを返さずにはいられなくなります。

そうなればしめたもの。会話の主導権はほぼあなたが握ったことになります。

以上が、最良の声を仕事で生かすための基本的な注意事項です。

これを踏まえたうえで、次に仕事で劇的な成果を出すための声と話し方について、シチュエーション別に述べていきます。

初対面での声と話し方1

初対面であなたの第一印象をグッと上げる

ビジネスの現場で、ある意味、一番緊張するのは初対面の人と会うときではないでしょうか。

これから会う人はどういう風貌《ふうぼう》をしているのか？　どういう性格をしているのか？　そういったことがまったくわかりません。

それは相手も同じこと。あなたがどういう人間なのか、まったくわからないことに加えて、セールスに赴くのであれば、「商品（サービス）を売り込みにくる」「何か買わされる」という意識が働くため、大なり小なり、あなたのことを警戒しています。

こうしたことを併せ考えると、初対面の人にはたしかに気を使います。

その初対面の人から好感を抱いてもらうためには、やはり最良の声を出すことが決め手となります。

最良の声の出し方については、第2章でも述べた通りですが、おさらいを兼ねてもう一度手短に言うと、顎関節のくぼみの部分を軽く人差し指で押さえながら、指を2本分縦に入るくらい口を開き、下の歯の裏の部分に舌先をつけて、ハリのある少し大きめの声で「あ」の音を発声してみます。

この一番言いやすい声、ストレスを感じることなく自然体に出せる声、まずはこれをキープしてください。

そして、ここではこれにプラスして、**さわやかでやわらかみのある声を出す**ように努めてほしいのです。

さわやかでやわらかみのある声で話せば、相手に緊張を与えることはないし、むしろ「包容力がある人」という印象を抱いてもらうことができ、好感が得やすくなるという利点があるのです。

たとえて言えば、朝のテレビで放送されるニュースやワイドショーのアナウンサーの声です。


「おはようございます。○月○日○曜日です」

「今日は全国的に晴天に恵まれ、さわやかな天気になりそうですね」

「初めは生まれたばかりのパンダの赤ちゃんのニュースからです」

「それでは、みなさん、いってらっしゃい」


この感じを思い出していただけましたか？

どこの局のアナウンサーもさわやかで、やわらかみのある声でしゃべっていますよね。

聴いていて心地よくなりますよね。ストレスをまったく感じませんよね。

そうです。まさしく、あの声。あの声を意識してほしいのです。

ただし、誤解がないように申し上げておくと、アナウンサーのあの声をマネしなさいと言っているのではありません。あくまで、あの雰囲気をイメージして、しゃべればいいのです。

また、笑顔も忘れないようにしてください。

閉口形のフレーズを口にするときはもちろんのこと、相手の話に聞き耳を立てるときも、表情筋を存分に使って口角を上げるように努めれば、それだけで安心感を与えることができます。

初対面での声と話し方2

人に会うときこそ心がけたい「準備8割、行動2割」

ここまで、初対面の人と会うときの声と話し方のコツについてお話ししましたが、私自身、トップセールスパーソンやり手のビジネスパーソンと呼ばれる人と接していると、どの人もみんなこの芸当に長《た》けているような気がします。

逆に言うと、圧迫感や威圧感みたいなものを感じないのです。

むしろ、「エッ?　この人がトップセールスパーソン?」と、拍子抜けしてしまうような人も少なくありません。

でも、この疑問符こそが、さわやかに、やわらかく話すことで聞き手に緊張を与えず、好感が得やすい包容力のある声の効果なのです。

「準備8割、行動2割」という言葉があります。

仕事で成果を出すためには、ぬかりなく準備をすることが大切になってきます。それさえきちんとしていれば、本番（行動）もうまくいくという意味です。

ところが、多くの人が、ぬかりなく準備をするといっても、「提出する企画書にモレはないか？　誤字脱字はないか？」「プレゼンの流れはこれでいいか？」といったことだけに頭を張りめぐらせています。

本番を迎える直前にトイレに行ったときも、鏡に映る自分とにらめっこしながら「ネクタイは曲がっていないか？」「髪の毛は乱れていないか？」「お化粧がどぎつくないか？」といったようなことに意識が向きがちです。

もちろん、これらも重要ですが、これからはそれにプラスして声の準備も整えてみてください。得意先に出向く前に、さわやかでやわらかみのある声を出す練習を行って、得意先の会社の入り口や玄関前で練習をリプライズするだけで大きく変わります。

そして、「よし、この声が最良の状態だ」ということが認識できれば、自分らしくいられるので、だんだんと自信が湧いてきて、心もポジティブになります。まさしく「声が変われば、心が変わる」のです。

そうすれば、初対面で相手の心を惹《ひ》きつける最高のパフォーマンスが演じられるようになります。

営業での声と話し方1

スランプに陥ったときこそ声の再点検をする

「最近は営業成績が低迷している」

「今回のプレゼンもうまくいかなかった」

「また契約が結べなかった」

こうしたスランプは誰でも経験するものです。

そういうとき、たいていの人は焦燥感にかられます。

私もそういう時期があったのでよくわかりますが、焦れば焦るほどますますうまくいかなくなります。うまくいっていたことまでうまくいかなくなってしまう……なんていうこともあります。

この状態から抜け出すためには、日ごろの仕事ぶりを振り返るほかに、**自分の声の再点検をしてみる**ことをお勧めします。

スランプに陥ると、それが声にもそのまま反映されることがしばしばあるからです。

そんなときは暗い声かもしれません。小さくか細い声かもしれません。息苦しい声かもしれません。相手を圧迫するような強い口調かもしれません。表情が硬く、それがそのまま声に現れている可能性もあります。

そういった好ましくない声を発しているかどうかをチェックし、改善に努めれば、スランプから脱出できることが多くあるのです。

その際のポイントは、目の前に得意先の担当者がいる場面などを想像して、商談のときと同じ口調・テンポ・トーンでしゃべること。スマホなどを使って音声を録音したり、動画で撮影することも心がけてください。

そうすれば、問題点や改善するべき点が明確になります。

それでも今の自分の声の状態がよくわからないという人は、気心の知れた職場の同僚や家族などに自分の声を聞いてもらい、率直な意見を述べてもらうのも方法です。

他人は自分とは違う角度から声のチェックができるため、自分では認識できていない「声の弱点」に気づかされることがしばしばあるからです。

このときも、同僚を得意先の担当者だと思って、商談のときと同じ口調でしゃべるようにしてください。

そうすれば、「ちょっと表情がこわばっているな。声も暗いなぁ」「声がちょっと小さいよ」と率直な感想を述べてくれ、自分の声のどこに問題があるかがはっきりとしてきます。

あとはこれまで述べてきたレッスンを反復することで改善あるのみ。

「ちょっと表情がこわばっているな。声も暗いなぁ」と言われたら、口角を上げてしゃべるレッスンを繰り返し行うようにしましょう。

「声がちょっと小さいぞ」と言われたら、鼻呼吸や息圧を強くするレッスンを繰り返し行うようにしましょう。

そうすれば、自分らしい最良の声が取り戻せるようになります。

しかし、なかには「レッスンを反復してもダメ。最良の声が出せない」という人もいるかもしれません。

これはもうストレスによって心が疲れている証拠。心が疲れていると、それが声にも悪影響をおよぼします。

したがって、そういうときは無理に声を出すのはやめ、レッスンをいったん中断。気分転換を図るなどして、心をリセットするようにしましょう。

喧騒《けんそう》の都会を離れ、山や森林や海辺など、自然のパワーがたくさん吸収できる場所に出かけるのもよし。童心に帰って、遊園地やアミューズメントパークなどで思い切り遊んでみるのもよし。お気に入りのカフェでくつろぐのもよし。

要は、開放的な気分になれ、癒される場所、元気が取り戻せる場所に足を運んでみるのです。

そうやってエネルギーをチャージしたら、試しに顎関節のくぼみの部分を指で押さえながら、ハリのある少し大きめの声で「あ」と発してみてください。

今度は自分にとっての最良の声が出せているはずです。一番言いやすい声、自然体に出せる声の感覚が取り戻せるでしょう。

そのうえで改善するためのレッスンに励めば、「本番」でも再び最良の声でしゃべれるようになり、ほどなくしてスランプ状態から抜け出せるようになりますよ。

営業での声と話し方2

相手の隠れた本音を聞き出すときは声のボリュームを一瞬下げる

営業などで、初対面の人と会話をするときは、さわやかでやわらかみのある声を出す。この姿勢は基本的に一歩進んだ商談に移行したあとも変わりありません。

しかし、お客様に商品（サービス）の売り込みを図ったものの、何度訪ねても、「今、検討中」の一点張りで、相手の真意がわからない。「いい提案ですが、もう少し待ってもらえませんか」と先送りされることもあります。

そんなとき、相手の煮え切らない態度に、たいていのセールスパーソンはしびれを切らします。本音を聞き出して、クロージングにこぎつけようとするあまり、ついつい詰め寄るような言い方をしてしまうということもあり得ます。

でも、それだと相手は余計引くばかり。最悪、破談になる可能性もあります。

そんな状況にあっても、声の出し方ひとつで、その後の展開が望ましい方向にガラリと変わることもあります。

その場合のコツは、さわやかでやわらかみのある声をキープする一方で、**相手の本音を聞き出すときだけ、一瞬、声のボリュームとトーンを下げ、ささやくような感じで、小声でしゃべる**こと。相手の心に染み込むような感じで、なるべくゆっくりしゃべること。その際、声のブレや震えにも注意を払うことです。

これが、相手の隠れた本音を聞き出すための声と話し方のポイントになります。

たとえば、こんな感じです。

「田中部長、ぶっちゃけた話、ウチの商品（サービス）に何かご不満な点でもおありですか？」

「山田常務、本当のところ、見込みはどうでしょうか？」

「鈴木社長、正直な話、ご予算はどれくらい見ておられるのでしょう」

こういったフレーズを口にするときだけ、あえて小さめの声を発するのです。

商談中に、あなたがいつもと同じ口調（さわやかでやわらかみのある声）でしゃべっているると、相手はその声が当たり前のように思えてきて、しだいに慣れていきます。

しかし、急に声のボリュームとトーンを下げ、ささやくような感じで、小声でしゃべり出すと、相手は意表を突かれたような感覚に陥り、緊張感が増すようになります。

実はそれによって、相手の脳（思考回路）が刺激され、結果的に本音を口にしやすくなるというわけなのです。

営業での声と話し方3

契約直前！
クロージングのときは声のトーンを上げる

「もうあと少しのところで契約にこぎつけられる」

「今日はお客さんに商品（サービス）を選んでいただき、あとは契約書にサインをもらうだけだ」

　このように、クロージングの直前まで行ったにもかかわらず、契約が持ち越しになり、話が延びてしまったり、うやむやになってボツになってしまったという人を、これまで私は何十人も見てきました。声と話し方の観点から考察すると、これにも1つの問題点があるように思えてなりません。

　それは「今日は何が何でも……」という焦る気持ちが露骨に声にも現れていることです。焦れば焦るほど、相手目線ではなく自分目線で物事を考えるようになります。与えることよりも得ることにしか、意識が向かなくなります。すると、どうしても強い口調にならざるを得なくなります。

　そのため、相手は圧迫感・威圧感を感じて引いてしまい、まとまる話もまとまらなくなるというわけなのです。

　そうならないためには、自分の心を最良の状態に導いていく必要があります。

　言い換えると、「私は自信を持ってこの商品（サービス）をお勧めしてきた。これを利用すれば、きっとお客様の役に立つし、喜んでいただけるに違いない」という気持ちを大切に、余裕を持って商談に臨んでほしいのです。

具体的な話し方のテクニックとしては、「今日で決まり！」という空気感を漂《ただよ》わせるために、**短い文節で、歯切れよく、簡潔・明解にしゃべる**こと。**トーンをやや高めにすること**。これがポイントになります。

たとえば、次のような感じです。

「サービスは、平日の場合、午前8時から午後7時までご利用できます」
「緊急の際は、0120……8にお電話ください」
「無料通話で、こちらは、24時間対応しています」

とくに、クロージングの直前などは、相手も案内書や契約書の文面を見ながら話を聞くことが多々あります。

したがって、案内書や契約書を要約した形で、短い文節で、歯切れよく、簡潔・明解にしゃべったほうが、「なるほど」「わかりました」といったように相手も概要を把握しやすくなるという利点があるのです。

逆にNGなのは、案内書や契約書の文面の棒読み。これをやってしまうと、モゴモゴ、ダラダラとしゃべることになるため、相手もじれったくなります。そこはくれぐれも注意してください。

そういった意味で言うと、歯切れよく、簡潔・明解にしゃべるためのマニュアルをつくっておくのも1つの方法です。

「明日（今日）はクロージングにもっていこう」というとき、それを見て、事前に声と話し方の練習をしておけば、本番で緊張することもありませんし、それが声にも反映されるため、最高のパフォーマンスが発揮できるようになるのです。

営業での声と話し方4

クレームに対応するときは鼻呼吸を意識する

「欠陥商品を納品してしまった」

「工場の設備に不具合が生じたため、納品が遅れてしまった」

こういうとき、お客様からのクレームはつきものです。

とくに、業務に支障をきたすようなトラブルが発生しようものなら、相手は大激怒してもおかしくありません。

では、こういうとき、どのような対応をすればいいのでしょう。どういう声と話し方を心がけたらいいのでしょう。

まず、認識してほしいのは、相手が激怒しているときは神経が高ぶって興奮しているため、かなりの早口で荒々しい口調でクレームをまくし立ててくるということです。

それに動揺して合わせるかのように、「す、す、すみません。す、す、すぐに、た、た、対処します」と口ごもり口調で、怯《おび》えながら早口でしゃべろうものなら、相手はますます興奮し、余計口調が荒くなります。

そういうときの対処法としては、まず**鼻呼吸をすることで、心を落ち着かせ、相手の半分くらいのテンポでしゃべる**ことです。

音符にたとえると、相手が16分音符で攻めてきたら自分は8分音符、相手が8分音符で攻めてきたら自分は4分音符くらいのテンポを保つようにするのです（ただし、テンポが遅すぎると、「バカにされているのではないか」と相手が感じてしまい、余計怒らせてしまうことが往々にしてあるので注意が必要です）。

声のトーンもいつもよりも少し低め。このときばかりは相手と合わせる必要はありません。とにかく、落ち着いてしゃべるようにします。

私がこう言うのには、それなりの理由があります。

相手が激怒してクレームをまくし立ててきたといっても、それはＳＯＳのサインにほかなりません。要するに「何とかしてくれ」「助けてくれ」と訴えているのです。

そのへんを察して、「大丈夫です。私はこの問題を真摯《しんし》に受け止めています。誠意を持って対処に当たらせていただきます」という姿勢を声で表現するためには、低めのトーンで、相手の半分くらいのテンポでしゃべるのが一番効果的なのです。

いずれにしても、そうすることによって相手もしだいに冷静さを取り戻すようになります。あなたはあなたで鼻呼吸を心がければ、心を落ち着かせることができ、動揺することもありません。むしろ、脳にたっぷりと酸素が行きわたることで、問題解決に向けての対応策が自然と湧いてくるようになります。

面接での声と話し方

面接は「第一声」と「姿勢」と「歯切れ」よく話すこと

書店の就職関係のコーナーに行くと、面接のマニュアル本が所狭しと並んでいます。表情、身だしなみ、挨拶《あいさつ》、敬語の使い方等、どの本にも「なるほど」とうなずくようなことが書かれていて、この点に関しては私もまったく異論がありません。

しかし、声となると、「明るい声でしゃべりなさい」「ハキハキと受け答えしなさい」程度のことしか記されていません。でも、私に言わせれば声の出し方がもっとも重要で、これをないがしろにすると、面接官の印象も悪くなります。

そこで面接に挑むときは、次の3点を徹底して心がけるようにしてください。

1．第一声を大切にする

2．姿勢に注意を払う

3．3文で受け答えをする

順を追って説明を加えていきましょう。

1．第一声を大切にする

第一声とは、ノックして部屋に入ったとき最初に発する「失礼します」という言葉、あるいは座ったときに最初に発する「はじめまして」「よろしくお願いします」といった言葉のことを言います。

言うまでもないことですが、面接で緊張しない人はいません。そのことを踏まえたうえで、これらの言葉を口にするときは、**ハキハキとした明るめの声で大きめにしゃべる**ようにするのです。

くどいようですが、このときも鼻呼吸は忘れずに。息を吸ったとき、お腹のふくらみを意識し、胴体を土管のように筒状に保てば、「失礼します」「はじめまして」の声はかなり響いていきます。

いずれにしても、第一声でハキハキとした声が出せれば、鼻呼吸の効果も相まって、次第に平常心が取り戻せるようになります。

2. 姿勢に注意を払う

ここで言う姿勢とは、面接官に好印象を与えるためだけではなく、ほかならぬ最良の声を出すためでもあります。

しっかりとした大きめの声をお腹から出すためには、第2章の「息圧を強くするためのレッスン」の項で述べたように、座ったとき、足の親指に力を入れ、椅子にお尻が軽く乗るくらいの感じで、あまり深く腰掛けないようにすることが大切です。

それに加えて、**なるべく両肩を広げ、脇を締める**ようにしましょう。肩が内側に丸まると猫背のようになり、声が出しづらくなるので注意が必要です。

3. 3文で受け答えをする

ビジネスシーンの会話において、長いフレーズを口にするときは、3文節で区切ることの大切さを述べましたが、面接の受け答えも例外ではありません。

たとえば、志望動機を尋ねられたとき、次のようなしゃべり方は良くありません。

「資源の有効活用を配慮した貴社の商品開発方針に大いに共感を覚えたため、私もリサイクル商品の開発に携わることで、エコロジーの一翼を担いたいと考え、応募させていただきました」

このようにダラダラとしゃべろうものなら、自分自身の息が続かないし、相手もストレスを感じ疲れてしまいます。

そこで、こういうときは、次のような3文に区切ることを心がけるのです。

①私は、貴社の商品開発方針に、大いに共感しました。
②それは、資源の有効活用を、配慮していることです。
③どれも、素晴らしい、エコロジー商品だと思います。

——区切る——

①私も、資源の有効活用に、大いに関心があります。
②貴社の下で、エコロジーの一翼を、担いたいと考えています。

③これが、私の、志望動機です。

これならば自分の言いたいことが相手にも的確に伝わるのではないでしょうか。

1文節（ワンフレーズ）を口にしたとき、自分自身の息も最初から最後まで保つことができます。そして、同じ声量・同じトーン・同じテンポもキープできます。

さぁ、これからはどんな質問をされても、3文節で受け答えができる準備をしておきましょう。これをマスターすれば、面接官はほかの応募者とは違った目で見てくれるようになり、あなたという人間に興味・関心がいくようになるはずです。

接客での声と話し方1

お客様に向かって常に語尾のトーンを上げる

接客業で大切なことは何でしょう？

飲食店ならば、さしずめ「味よし」「サービスよし」「値段よし」といったところでしょうか。

しかし、あえて言わせていただくと、もう1つ「よし」を加えていただきたいのです。

それは「声」にほかなりません。そう、「声よし」です。


「いらっしゃいませ」

「ありがとうございました」

「またの来店をお待ちしています」


等々、こうした接客業には欠かせないフレーズを口にするときこそ、明るくハリのある声で、お店全体に響きわたるような最高にいいトーンを発してほしいのです。

その場合のポイントは**語尾のトーンを意識的に上げる**こと。

「いらっしゃいませ」の「せ」、「ありがとうございました」の「た」、「またの来店をお待ちしています」の「す」。この「せ」「た」「す」を発するとき、**息を吐き切り、息が上に**

いくような感じにするのです。

すると、お客様は明るさ、活気、元気のよさ、威勢のよさを感じるのです。

「この店に来てよかった」「また、このお店に来よう」という気になります。

逆に語尾を下げて「いらっしゃいませ」「ありがとうございました」「またの来店をお待ちしています」と言われたら、どんな気分になるでしょう。「なんだか暗い店だな」「次回はもう来るのをやめよう」と思われてもおかしくはありません。

試しに自分で、「せ」「た」「す」の語尾を上げたフレーズと、語尾を下げたフレーズを口にしてみてください。

どうです？　語尾を上げる・下げるとでは、相手に与える印象がまるで違ってくるのがおわかりいただけるのではないでしょうか。

そうならないためにも、語尾のトーンを上げるように努めてほしいのです。

ちなみに、語尾をきちんと上げるためには、息を吐き切らなければいけないので、うまくいかないときは第2章で述べた「息圧を強くするためのレッスン」（4秒かけて息を吐くレッスン）をもう一度反復してください。

接客での声と話し方2

お客様への感謝の気持ちは礼よりも言葉が先

あなたは「語先後礼《ごせんごれい》」という言葉をご存じでしょうか。

語先後礼とは、端的に言うと「言葉が先で、お辞儀が後」という意味で、「ありがとうございました」と言ってからお辞儀をすることを言います。

これは接客業に携わる人はもちろんのこと、ビジネスパーソンにとっても不可欠のマナーと言ってもいいでしょう。

もし「ありがとうございました」と言いながらお辞儀をしたらどうなるか。「ありがとう」は聞こえますが、その後に続く「ございました」はきちんと聞き取れません。これではお客様に感謝の気持ちが伝わりません。

以前、私は地方にある温泉旅館の従業員の研修をしたとき、従業員の大半が言葉を発しながらお辞儀をしていることに気づきました。

旅館の女将《おかみ》いわく、「イマイチお客様の入りが悪い」とのこと。

そこで私は語尾を上げる発声レッスンのほか、「語先後礼」を徹底して行うように指導しました。

口角を思い切り上げ、笑顔で明るくハリのある声で、**「いらっしゃいませ」「ありがとうございました」「またのお越しをお待ちしています」というフレーズを口にしたあと、深々と3秒お辞儀をする**ようにアドバイスしたのです。

すると、おもてなしと感謝の気持ちがお客様に届くようになったのでしょう。少しずつですが、お客様の入りが良くなり、今ではテレビ取材を受けるほどの繁盛ぶりを見せるようになりました。

最初はわずかな差だったかもしれません。しかし、「語先後礼」を当たり前のように続けていったら、誰も追いつけないほどの大差になって、それが売上げにもつながっていったのです。

同じことはあなたにも言えます。

言葉と表情と態度は三位一体《さんみいったい》の関係にあります。

見えないところでつながっています。だとしたら、最良の表情と最良の態度で接客にあたるべきです。そうしてこそ、あなたの最良の声も生きるというものです。

声と話し方の応用1

場所に応じて、一瞬にして声をギアチェンジする

ホテルのラウンジなどで仕事の打ち合わせをするとき、あなたはどれくらいの声量でしゃべりますか。

「ホテルだから小さめ」「トーンもかなり低め」ならば、それは必ずしも好ましいとは限りません。

ホテルのラウンジと言っても、シーンと静まりかえったところだけとは限りません。大勢のお客様の声でザワついているところもけっこうあります。にもかかわらず、小声でしゃべろうものなら、相手も聞き取りづらくなり、ストレスを感じてしまいます。

逆のパターンもあります。たとえば、ドトールやスターバックスのような誰もが出入りするようなカフェがありますよね。

以前、そういう場所で仕事の打ち合わせをしていたとき、隣席のテーブルに数人が座っていて、上司の悪口を口にするのが聞こえてきました。

聞き耳を立てたわけではありませんが、やや大きめの声だったため、「お酒が入ると平気で私の身体をさわろうとするのよ。完全にセクハラよ」「そうそう、私も。この前なんか……」といった話が否応《いやおう》なしに聞こえてくるのです。

どうやら、相当ひどい上司のようです。そのせいで、こちらは肝心の話に集中できませんでした（笑）。

あなたはどうです？　カフェだからと油断して、少し大きめの声でしゃべったりはしていませんか。もし、大事な商談、たとえば企画の話をしようものなら、それこそ筒抜け。そばに同業者がいたら企画を盗まれてしまうなんていうこともあり得ないとは言えません。

その点、トップセールスパーソン、やり手のビジネスパーソンと呼ばれる人は違います。場の雰囲気、状況、その場にいる人の人数といったものを考慮して、即座に声のギアチェンジを図り、その場に適した声でしゃべっています。

そのためには具体的にどういったことに注意を払えばいいかというと、**3フィート（約**

90センチ）の距離を1つの基準にするといいでしょう。

要するに、テーブルで向かい合って人と会話をするとき、3フィートの距離であれば、通常の声でしゃべるように心がけ、それよりも距離が近ければ小さめの声、距離が離れていれば少し大きめの声でしゃべるようにするのです。

ただ、周囲にどれくらい人がいるか、ザワついているかによっても違ってきます。

相手との距離が3フィートであっても、隣に人がいるようであれば、前かがみの姿勢で少し小さめの声でしゃべり、隣に人がいなくても騒々しいようであれば、少し大きめの声でしゃべる必要があります。

自分では聞き取りやすい声を出したつもりでも、場の空気が読めず、小さな声だったり、大きな声だったりすると、相手に不快感やストレスを与えることになります。

つまり、場の空気を察して、瞬時にギアチェンジを図り、それに調和させることも、最良の声を出すために大切なことなのです。

声と話し方の応用2

相手が前のめりになったら「声のギアチェンジ」のサイン

この本を執筆中、私はある会社から研修の依頼を頼まれ、東京は有楽町にある帝国ホテルのラウンジで、担当者と打ち合わせをしたことがありました。

名刺を交換したあと、さっそく本題に入ったのですが、ものの数分もしないうちに私は前のめりの姿勢にならざるを得なくなりました。相手の声が小さすぎて、話が聞き取れなかったからです。

帝国ホテルのラウンジは高級ホテルとあって普通の椅子ではなくソファー。テーブルも低いときています。しかも、周りはザワついています。

そこで「もう少し、大きな声でしゃべっていただけますか」とお願いしたのですが、担当者が小さな声でしゃべっていた理由もわかる気がしました。

彼には失礼でしたが、「高級ホテル＝静寂。静寂＝小さめの声でしゃべらなくてはいけない」という固定概念がそうさせたのでしょう。場慣れしていなかったため、気おくれしたみたいなのです。

この話はけっして他人事《ひとごと》ではありません。

高級ホテルに限らず、会社の応接室などに通されると、ソファーと低いテーブルが置かれているところもあります。

そういう場所で商談をするとき、気をつけてほしいのは、あなたがソファーの背もたれに寄りかかりながらしゃべっているときに、相手が前のめりになってきたら、それは**「あなたの声が小さい。よく聞き取れない」というサイン**だということです。

したがって、そういうときは声のギアチェンジを図り、少し大きめの声でしゃべるようにしてください。

通常のボリューム（声量）を数字で表したとき「5」だとしたら、「7」くらいに上げるようにするのです。

こう言うと、あなたは「それならば、お互い前かがみになって会話をすればいい」と思うかもしれません。

まあ、会社の応接室などであれば、それでもいいと思いますが、高級感漂うホテルのラウンジで会話をするのであれば、お互いソファーの背もたれにゆったりと寄りかかりながら会話をしたいものですよね。

実際、それなりの地位・役職にある人を観察すると、高級ホテルのラウンジなどで会話をするとき、前かがみになってしゃべる人はほとんどいません。たいていの人は、ソファーの背もたれに寄りかかりながら会話をしています。

そこで、私からの提案ですが、たまには高級ホテルのラウンジに足を運び、同僚や後輩などを相手に、声と話し方の予行演習を行ってみてはどうでしょうか。

「声が聞き取りづらかったら、前のめりしてね。聞き取れるようならば、お互いソファーの背もたれに寄りかかりながら会話をしようよ」と事前にお願いしておくのです。

そして、会話をしていくうちに、相手が前のめりの姿勢を取ったら、声のギアチェンジのサインと考え、少し大きめの声でしゃべる。あなたが前のめりの姿勢を取ったら、相手に少し大きめの声でしゃべってもらう。そうすれば、お互いにとっていいレッスンになります。

場の雰囲気や距離感を感じ取りながら、声と話し方のレッスンをするには、その場に出かけて行って実践するのが一番なのです。

声と話し方の応用3

会議やプレゼンでは声にメリハリ＋アクション

あなたは会議やプレゼンの席でどんな声を出していますか？　どんな話し方をしていますか？

緊張のあまり、か細い声になってしまう人もいれば、あえて大声を出す人もいると思います。

一番好ましくないのは、手元に資料があって、それを棒読みするような話し方。これをやってしまうと、聞かされるほうはたまったものではありません。

では、会議やプレゼンの席で最良の声を出すためにはどういった点に注意を払えばいいのかと言うと、なるべく母音を意識して、開口形の言葉を口にするときは、やわらかくできるだけゆっくりとした口調でしゃべること。閉口形の言葉を口にするときは、意識的に口角を上げ、にっこりとした表情でしゃべること。場所・人数に応じて声のギアチェンジを図ること。この3点が基本になります。

しかし、それだけではまだ十分とは言えません。

会議で自分が立案した企画を提案するとき、ましてやプレゼンをするときなどは、一方的に長々としゃべることになります。すると、自分では最良の声を出しているつもりでも、聞く側は慣れ――飽きが生じるため、熱心に耳を傾けなくなる場合もあります。

それを防ぎ、最後まで熱心に話を聞いてもらうためには、ところどころ抑揚をつけながらしゃべることが重要になってきます。

抑揚のつけ方のポイントは2つあります。

1つは手でアクションをつけることです。「ここは強調したい」「この箇所は真剣に耳を傾けてほしい」という部分は、拳を握りながら、腕を振りかざしたり、ガッツポーズをとるなど、**身振り手振りを交えながらやや強めの口調で話す**ようにするのです。

こう言うと「拳を握りながら、腕を振りかざすと、筋肉を使うから、そこに力が入ってしまうため、声が出しづらくなるのではないか」とあなたは思うかもしれません。でも、その心配はいりません。

手でアクションをつけるのは、あくまでも「ここは強調したい」「この箇所は真剣に耳を傾けてほしい」という部分のみ。通常は３つの基本を柱に声を出せばいいのです。

抑揚のつけ方の２つめのポイントは、**「ここは強調したい」「この箇所は真剣に耳を傾けてほしい」という部分の言葉は、力強くハリのある声でしゃべる**ことです。

そう、「ここぞ」というところで、トーンを上げるようにするのです。

このテクニックに長けていたのが、ジャパネットたかたの前社長・高田明さんです。

テレビショッピングの高田さんの独特の語り口は有名で、ご存じの方も多いと思いますが、最大の特徴はまさしく「ここは強調したい」「この箇所は真剣に耳を傾けてほしい」という部分に移行すると、力強く、ハリのある声でトーンを上げてしゃべることです。

それを私の記憶の許す範囲で再現すると次のようになります。

このノートパソコンには、これこれこれだけの機能が搭載されています。

だから、初心者でも今すぐインターネットを始めることができるし、年賀状も簡単につくることができます。

そして、**お値段！**　お値段ですよ。みなさん、驚かないでくださいね。消費税込みで、な、な、なんと、**にまんきゅうせんはっぴゃくえん！　２万９８００円！**

それだけじゃありません。今回は特別に**プリンターーー**。これも**おつけしちゃいまーーーす**。

みなさん、今すぐ、**お電話をーーー**。放送終了後、**30分以内でーーーす**。

「なるほど、たしかにそう言っている。値段などの大事な箇所は力強く、トーンを上げてしゃべっている」と、納得されたのではないでしょうか。

ちなみに、私は一度だけ高田明さんの講演会を聴きに行ったことがありますが、正直なところ、第一声を聞いたとき拍子抜けしてしまいました。実際に目《ま》の当たりにすると、声のトーンが低いのです。

でも、しゃべっていくうちに、それも「ここは盛り上げなければいけない」という箇所に入ると、テレビでお馴染《なじ》みの高田節！　これによって聴衆は一気に惹きつけられます。

要はこれと同じテクニックを会議やプレゼンでしゃべるときに用いてほしいのです。

とても大事な箇所なので、もう一度言いましょう。

会議やプレゼンの席で、長い時間、自分がしゃべるときは、話に抑揚をつけること。その一環として「ここは重要」「ここは注目してほしい」という部分は、文脈・文節・単語を問わず、力強く、トーンを上げて、ハリのある声でしゃべること。

これだけのことでも肝《きも》に銘じれば、あなたのパフォーマンスはグンと高まるようになるに違いありません。

声と話し方の応用4

多くの人を前にして話すときは出だしに集中

みなさんの中には、講演会やセミナーなど、多くの人の前で話をした経験のある人もいると思います。「ある」と答えた人にお尋ねしますが、うまくしゃべれましたか？

こう言うと、講師業を生業にしておられる方以外、たいていの人は首を横に振るのではないでしょうか。

それもそのはず。会議やプレゼンの席も緊張しますが、多くの人の前で話すとなると、ある程度広い会場でしゃべるわけですから、余計緊張せざるを得なくなるからです。緊張すれば、それが声にも現れます。震えたり、小さくか細くなってしまったり、逆に甲高い声になってしまったり……。

しかも、自分が緊張すれば、会場で話を聞く人にも緊張を与えることになります。

これでは双方とも不自然さを感じるだけで、その場に良いムードが築けなくなり、不甲斐《ふがい》ない結果となってしまうことは目に見えています。

となると、これはもう緊張を解くしかありません。緊張を緩和させ、自分にとっての最良の声を出すための方法はこの章の前半でも述べましたが、それでも場慣れしていない人からすればドキドキの連続かもしれません。

では、どうしたらいいのか?

結論から言うと、**終始リラックスした状態で自分のペースで話せる方向に自分を誘導し**ていけばいいのです。

そのためのコツは、**出だし——イントロから会場に集まった人を笑わせる**こと。最初の数分で笑わすことができるネタをあらかじめいくつか用意しておくのです。

笑いを取ることができれば、会場の雰囲気もなごみます。会場の雰囲気がなごめば、当人の心も「アウェイ感」が薄らぎ「ホーム感」が強まります。

「ホーム感」が強まれば、緊張感がグンと緩和され、心が楽になります。

それによって、ありのままの自分、ふだんの自分のペースで話すことができるようになるというわけです。

ちなみに、人を笑わせるネタですが、私はその道の専門家ではないので、知人が講演会やセミナーなどでよく口にするパターンを2つほど要約して紹介しましょう。


はじめまして。山田リカと申します。

山田リカ、これはもちろん本名ですが、正式には山田利家と書きます。利家《としいえ》と書いてリカと呼びます。何だか戦国武将の名前みたいですね。苗字の「山」の字を「前」の字に変えてしまうと、完全に大河ドラマの主人公にもなった前田利家になってしまいます。（40歳・女性・ファイナンシャルプランナー）

群馬からまいりました熊沢幸宏と申します。

苗字もクマ、体型もご覧のように大柄でクマみたいです。

そのせいか、地元群馬の人からは森のクマさんと呼ばれています。

今日はその森のクマさんが東京のセミナーで大暴れをします。ですが、みなさん、逃げ出さないでください。（55歳・男性・経営コンサルタント）

こんな感じで、まずは会場に集まった人たちをひと笑いさせることができれば、その場の張り詰めた緊張感が緩和され、あとは自分のペースでリラックスしながら話ができるのではないでしょうか。

肝心の声の出し方ですが、**会場の規模を問わず、遠くにいる人まで明るくさわやかに響きわたるようにしゃべる**こと。

もう1つ注意点を指摘しておくと、講演やセミナーなど多くの人の前で**長時間しゃべるときは、直前に「ウーロン茶は口にしない」**ようにすること。

その理由については、「おわりに」で詳しくお話しすることにしますね。

声と話し方の応用5
マイクの持ち方しだいで声は聞きやすくなる

この章の最後にマイクを持ってしゃべるときの注意点についても少し触れておきましょう。講演やセミナーなどでは、最近、ウェアラブルマイクを使う頻度が増えてきましたが、それでも従来型のハンドマイクを使う場合がほとんどだと思います。

ハンドマイクを持ってしゃべるときは、どんな姿勢がいいのでしょうか？　あまり考えたことはないと思いますが、声が出しづらい場合、マイクを手にしている腕の肘を上げすぎていることが少なからず関係しています。片方の腕の肘を上げすぎると、肩に負担がかかるため、肩甲骨が凝り固まってバランスが悪くなってしまうからです。

また、目線――顔は左方向に向いているものの、首から下は正面、もしくは右方向に向いて、身体をひねった状態でしゃべることも、声を出しづらくする要因となります。上半身を左（右）にひねると、左肩（右肩）が内側に狭まるため、左側（右側）の肩甲骨も凝り固まり、これまたバランスが悪くなってしまうからです。

総じて、**マイクを握った腕の脇は少し締め、正面を向いてしゃべるときは、身体ごと正面を向き、左方向（右方向）に向いてしゃべるときは、身体ごと左方向（右方向）に向いてしゃべる**ようにすれば筋肉への負担もなくなり、自分らしい最良の声が出しやすくなるのです。

試しに自分で実験してみてください。ビフォーとアフターとでは、声の出しやすさがまったく違うことを痛感するはずです。

ちなみに、これは講演やセミナーなど多くの人の前でしゃべる場合に限らず、会議などで発言するときも同じです。特定の方向に向かってしゃべるときは、顔だけではなく、身体全体をその方向に向けると、声が出しやすくなります。

ただし、身体ごと一定の方向に向けてしゃべると言っても、ずっとそのままの姿勢で、最後まで一定の視線で話し続けるのは何ともぎこちないし、聞く人も物足りなさを感じてしまいます。

だからと言って最初からキョロキョロといろんな方向を見るのもNGです。キョロキョロすると、目（視界）にたくさんの情報が入ってきます。するると、人によっては脳の情報処理が追いつかなくなるため、軽いパニック状態になり、それによって緊張感が増し、声にも悪影響をおよぼす可能性があるからです。

したがって、「最初はここに目線を定めてしゃべる」と決めたら、その方向に向かってしゃべるようにして、慣れてきたら（自分のペースがつかめ、落ち着いて話せるようになったら）、少しずつ方向を変え、まんべんなく聴衆（聴き手）と視線を合わせるようにしましょう。

さぁ、仕事で劇的な成果を出すためのシチュエーション別の声と話し方のノウハウは以上です。

あとは、実践あるのみ。ビジネスの現場でさっそく生かしてください。

緊張する場面や大事な場面で、うまく声が出せなかった自分と決別できる日はそう遠くはないはずです。

第4章

これだけ変わる！電話応対での声と話し方

電話応対での声と話し方の基本1

なぜ、多くの人が電話でしゃべるのが苦手なのか？

スマートフォンが急速に普及したことも関係しているのでしょう。最近のビジネスパーソンは通信で人とやり取りするときも、ＳＮＳやメールが主体となりつつあります。実際、ある研究機関が行った調査によると、スマホでよく使う通信機能は電話よりもＳＮＳやメールのほうが上回っていると言います。

その観点から言えば、電話を使う頻度はこれからどんどん減っていくような感じもしますが、ビジネスにおいて需要そのものがなくなるということはまずあり得ません。

ある程度の規模の会社になると受付があり、受付嬢にとって電話は不可欠ですよね。営業する人にとって、電話は大切なビジネスツールですよね。電話がなければ、仕事にならないという人はまだまだたくさんいます。

接客業に携わる人もしかり。ネットやメールを使わないお客様（とくに高齢者）とやり取りするとき、電話は唯一の通信手段になります。電話がなければ、予約ひとつ承ることができません。

そういったことを併せ考えると、ビジネスの現場でまだまだ電話は使われ続けるということです。

ところが、この電話でしゃべるのが苦手という人が実に多いような気がしてなりません。なかには、電話営業が原因で睡眠障害や神経性胃潰瘍《いかいよう》になってしまったという人もいます。

そういう人の言い分に耳を傾けると、こんなつぶやきが聞こえてきそうです。

「エッ？　エッ？　と何度も聞き返される」
「電話でしゃべると、口ごもってしまう」
「緊張するあまり、言葉が出てこない」
「滑舌が悪い（アニメ声みたいだ）と人から言われて以来、自信をなくした」

それだけではありません。リアル（対面）でしゃべるのと違って、**電話は見えない相手**

と話すため、相手の表情・仕草・人柄といったものがわかりません。面識のある人ならまだしも、電話口の相手が初めて話す人ともなれば、緊張しないほうがおかしいというものです。そのため、どうしても声が小さくなりがちです。

それは相手も同じです。相手もまた電話をかけてくる人の顔が見えないため、大なり小なり緊張します。ましてや電話の内容がセールスだとしたら、警戒心を抱くのは当然のことです。

しかし、心配はいりません。

あなたはこれまで最良の声を出すための秘訣《ひけつ》を学んできました。最良の声を仕事で生かす方法についても学んできました。

電話の応対も同じです。ちょっとしたコツさえマスターすれば、自分らしい最良の声を電話応対でも生かすことができるのです。

電話応対での声と話し方の基本2

電話応対は「最初の5秒」が勝負

自分らしい最良の声を電話応対で生かすためには、まず、**最初の5秒で勝負が決まること**を認識しておく必要があります。

これもプロローグで述べた「ハロー効果」が少なからず関係しています。人が特定の人物を評価するとき、第一印象がプラス（マイナス）だと、そのほかのことに対してもプラス（マイナス）の評価を抱くようになると言いましたが、電話の声も例外ではありません。第一印象しだいで（とくに電話営業等の場合）、「とりあえず話を聞いてみよう」、あるいは「早く切りたいな」となるので、とにかく最初の5秒を大切にしてほしいのです。

では、具体的にどういった点に注意を払えばいいかというと、以下の3点を肝に銘じるようにしてください。

1. 最良の声を意識してしゃべる
2. 常套語の基となる定型文をあらかじめ決めておく
3. 開口形と閉口形をうまく使い分ける

では、この3つの注意点についてそれぞれ説明していきます。

1. 最良の声を意識してしゃべる

電話口で「□□□□（社名）の○○○○（名前）です」と告げたとき、「エッ？」とか「失礼ですが、もう一度、社名とお名前を……」と言われたことはありませんか。

また、電話の相手からたびたびそう言われることはありませんか。

これはあなたの第一声が不明瞭な証拠。そうならないためには、**自分にとっての最良の声を意識しながら、いつもよりもはっきりとしたメリハリのある声でしゃべる**ことが大切になってきます。

最良の声の出し方は第2章で述べた通りです。顎関節のくぼみの部分を両手の人差し指で押さえ、指が2本分縦に入るくらいに口を開き、下の歯の裏の部分に舌先を軽くつけながら、ハリのある少し大きめの声で「あ」を発する練習をしましたよね。

その声はあなたにとって一番言いやすい声、いくらしゃべっても疲れない声、他人が聞き取りやすい声です。この声を電話でも生かしてください。

2. 常套語の基となる定型文をあらかじめ決めておく

最良の声を意識しながらしゃべるといっても、「あのー、○○○○さん（相手の名前）の携帯でよろしいですか。はじめまして。わたくし、○○○○と申しますが、あっ、失礼しました。えーと、□□□□の○○○○と申しますが、あのー、今お時間よろしいですか……」といったように散漫でまとまりのない言い方をすれば、それだけで相手はストレスを感じ、第一印象も悪くなります。

これを防ぐためには、**最初に口にする言葉（常套語）を定型文として、あらかじめ決めておく**ようにしましょう。

電話対応における定型文

■パターン1

お世話になります。□□□□（社名）の○○○○（自分の名前）です。○○○○さん（相手の名前）でいらっしゃいますか?

■パターン2

はじめまして。□□□□（社名）の○○○○（自分の名前）と申します。○○○○さん（相手の名前）の携帯でよろしいですか。今、お時間、よろしいですか？

■パターン3

はじめまして。わたくし、□□□□（社名）の○○○○（自分の名前）と申します。○○さん（紹介者の名前）のご紹介で連絡をさせていただきました。今、お時間、少しだけよろしいですか？

■パターン4

はじめまして。○○○○（自分の名前）と申します。雑誌で求人募集を知り、連絡させていただきました。人事担当の方はいらっしゃいますか？

いかがですか？　こうした常套語の基となる定型文をいくつか用意しておいて、最良の声で話せるように練習しておけば、うろたえたり、焦ることもなく、順序立てて、落ち着いた口調で話すことができるようになります。

3．開口形と閉口形をうまく使い分ける

最初に口にする言葉（常套語）を定型文として決めたら、今度は実際にそれを口にするとき、開口形と閉口形をうまく使い分けることが重要になってきます。

もう一度、おさらいをしておくと、「こんにちは」は「KO」で始まります。最後の母音は開口形兼閉口形の「WA」で終わっています。ということは開口形です。

「はじめまして」はどうでしょう。開口形兼閉口形の「HA」で始まり、最後の母音は「TE」で終わります。ということは、こちらは閉口形です。

もうおわかりですよね。「こんにちは」と言うときは、やわらかくできるだけゆっくりとした口調でしゃべるようにします。

「はじめまして」と言うときは、相手が目の前にいるかのように、表情筋を使い、口角を上げ、にっこりとした表情で穏やかな口調でしゃべるようにするのです。

また、「今、お時間、よろしいですか？」「人事担当の方はいらっしゃいますか？」と、

疑問形で語尾を上げるときも、にっこりとした表情で穏やかな口調でしゃべるようにしましょう。

以上、3つのポイントを紹介しましたが、まさに秒殺。これをマスターしてしまえば、最初の5秒で会話の主導権はあなたが握れるようになります。

電話応対での声と話し方の基本3

相手が文字に書き取れるテンポで話す

電話でしゃべっているときに「エッ?」「すみません。もう一度」と聞き返される人には特有の共通点があります。

それは早口でしゃべっていることです。

「□□□□の○○○○です。例の新サービスの件ですが、再度、ご説明におうかがいしたいと思いますが、来週の水曜日か木曜日あたりはいかがでしょう。水曜日でしたら午後は

2時以降なら空いております。木曜日なら終日空いております」

「そのときに契約書を持参したいと思います。あっ、その前に資料をメールで送らせていただきますが、メールはスマホのほうがよろしいですか？　それとも……」


こうしたフレーズを早口でペラペラとまくしたてられようものなら、電話を受ける側は内容も的確に把握できないし、ストレスを感じるだけです。

もし、あなたもそうだとしたら、これからはテンポを落としてしゃべるクセをつけてみてください。

ただし、テンポを落とすと言っても、スローすぎるのも考えもの。電話の相手はじれったくなります。**相手がメモ帳などに書き取れるくらいの速さで、力のある声・ハリのある声でしゃべる**ようにするのです。

また、**間を置いて話す**ことも重要で、そうすることで相手が聞き取りやすくなり、話が伝わりやすくなります。

とくに注意を払っていただきたいのは、自分の所属する会社名や名前、あるいは電話番号を口にするときです。

「□□□□の○○○○です。営業部の○○○○課長はいらっしゃいますか」「電話番号は東京03の×××の××××です」と言うとき、相手が一発で聞き取れ、紙に書き写せるような速さでしゃべるようにしましょう。

アポイントの日時を決めるときも同じです。

「それでは御社におうかがいする日時ですが、来週の水曜日の午後、金曜日の午前中だとどちらがよろしいですか？」と言うときなどは、**二択にして選びやすくする**ことです。「水曜日の午後」「金曜日の午前中」の重要部分は、**さらにテンポを落としてゆったりとした口調で、なおかつ間を置きながら、若干大きめの声でしゃべる**だけでも、相手のストレスはだいぶ軽減され、心に余裕が生まれるようになります。

さらに、アポイントなどの話をするときには事前に、「今、お手元にスケジュールが確認できるものや筆記用具などはございますか？」といった言葉を投げかけ、相手にそれらを準備してもらうように促すと、話はいっそうスムーズにいきます。

会社に電話をするならまだしも携帯に電話をしたら、相手はひょっとして出先かもしれません。手元にスケジュール帳などがないか、あってもすぐに取り出せない状況下にあるかもしれません。

そんな場合でも、相手に準備する時間を与えてあげれば、自分のスケジュールを確認しながら電話を続けることができます。そうすればアポイントの日時もおのずと決めやすくなります。これに、ゆったりとした口調の若干大きめの声が加われば、日時なども明瞭に聞き取れるため、お互いのすり合わせもしやすくなるというものです。

要は、相手の立場になって、相手の状況を察しながら、「こうしてくれると助かるだろうな」「こうしてくれるとうれしいだろうな」ということを考えながら、しゃべるようにするのです。

電話応対での声と話し方の基本4

電話では相手の声のトーンに合わせる必要がない

相手の立場になって、相手の状況を察しながら、しゃべるようにすると言いましたが、これはいろいろな場面での想定が考えられます。

つい最近、私自身、こんなことがありました。

実はこの本を執筆するにあたって、出版社の会議室で編集者の方との打ち合わせを終えて、お茶をしながら雑談をしている最中、私の携帯（スマホ）に1本の電話がかかってきたのです。

どうやら、ある会社からの研修依頼で大変ありがたいお話だったのですが、「今、打ち合わせをしておりまして……」と小声で返答すると、とたんに相手の担当者も小声でしゃべり始めたのです。

しかし、相手に小さい声でしゃべられると、何を言っているのかよく聞き取れません。とくに携帯（スマホ）の場合、ある程度の音量がないと、機械が音をキャッチしづらくなることもあるので、カサカサという音にしか聞こえなくなります。

仕方がないので「すみません、よく聞こえないので、もう少し、大きな声でしゃべっていただけますか」とお願いし、内容を聞いて、のちほど私から連絡を入れる約束をしていったん電話を切りました。

多くの人が似たような経験をしているのではないでしょうか。

相手の携帯に電話をかけたら、あいにく相手は電車の中（会議中）。そうと知ったとたん、相手に合わせるかのように、急に声のトーンを落とし、小声でヒソヒソとしゃべり始めてしまうものです。

これは相手にストレスを与えてしまうだけです。相手が小声でしゃべるのは、通常の声でしゃべれない状況にあるだけで、あなたが相手の状況に合わせる必要はありません。

あなたは対面で話すときよりも大きめのハリのある声でゆったりしゃべればいいのです。

電話応対での声と話し方の基本5

相手の置かれている状況を瞬時に判断して声を変える

電話で相手にストレスを与えてしまうという点においては、相手が繁華街や工事現場のような騒々しい場所を歩いているときに、電話を受けたときなども同じです。

あなたも経験があると思いますが、騒々しい場所で携帯電話を受けると、相手の声は聞き取りづらいですよね。「エッ？　何ですか？」「すみません。よく聞こえないんですが……」と相手と押し問答をしてしまう場合があります。そういうときって、イライラしてストレスが溜まりますよね。

そこで、携帯に電話をするときは、相手の置かれている状況を瞬時に察知し、「騒々しい場所にいるようだ」と思ったら、通常よりもハリのある大きめの声でしゃべるようにしてほしいのです。

そう、相手がふだん通りの声でしゃべっても、自分は大きめの声で。

ただし、がなり立てるような言い方はダメ。こういうときも、**最良の声を意識し、ハリのある声で、相手が聞こえやすい声のトーンを意識してしゃべる**ようにしてください。

第3章で、対面で人と会話をするときは、相手の声のトーンに敏感になり、それに合わせてしゃべるようにすると言いましたが、電話での会話は違います。

あなたと相手とでは、いる場所、状況が異なります。いつ、いかなるときも、そのことに注意を払い、相手が聞き取りやすいように、声のトーン・ボリュームを臨機応変に変えていったほうがいいのです。

それでも、周囲の騒音で意思疎通がままならないようであれば、改めて電話をかけ直す。こういう気配りも、トップセールスパーソン、できるビジネスパーソンに求められる資質なのです。

電話応対での声と話し方の応用1

電話応対が変わるだけで業績も組織も変わる

電話営業で、私が直接指導に関わった事例があります。

以前、ある会社の社長から「電話営業を主体とする営業マンの成績がなかなか上がらない。どうしたらいいか」という相談を受けたことがありました。

そこで私はその社長に、「企業研修を通して、自分らしくもっと楽しく仕事ができるように、まずは声の状態を変えて、心と声の状態を一致させて、ワクワク感を持って電話営業ができるように変えてみてはどうでしょう」という提案をしました。

具体的に言うと、この章でここまで述べてきたこと、これから述べることを、営業の方に懇切丁寧にレクチャーすることにしたのです。

すると、効果てき面。研修を終えた翌日から社員の意識も変わったようで、電話受注をどんどん取ってきてくれるようになったと、後日社長からうれしい報告を電話でいただきました。

さらに、社員1人ひとりの表情もどんどん明るくなり、私が会社を訪問するたびに全員が立ち上がり、笑顔で「いらっしゃいませ」と大きなハリのある声で挨拶をしてくれるようになったのです。

業績がどんどん上がると、組織自体もどんどん活性化していくことを体感した私は、1人でも多くの方にちょっとしたことを変えるだけで仕事ぶりも良い方向に変わっていくことをお伝えしたいと、さらに強く思うようにもなってきています。

そこでここからは、さらに細かくシチュエーション別に声と話し方について述べていきたいと思います。

電話応対での声と話し方の応用2

留守電に用件を入れるときはいったん鼻呼吸をする

ごくたまにですが、私は留守番電話のメッセージを再生すると、ものすごくストレスを感じることがあります。

それはモゴモゴとした発声で、用件もダラダラとまとまりなくしゃべるため、聞き取りづらいからにほかなりません。

「□□中学校の○○○○です（ここまでは何とか聞き取り可能）。次回、合唱の指導をしていただく日時ですが？？？？？……。1時間遅めに？？？？？……。それでよろしいですか。それから？？？？？？」

そう「？」が多すぎるのです。何を言っているのか、留守電の用件が的確に把握できないのです。

いや、私の携帯の収録時間は決まっているので、まだマシなほう。時間制限のない留守電でこれをやられたらたまったものではありません。

「？」の連続で、それこそ相手にストレスをかけることになり、マイナスの印象を抱かれてしまいます。

そうならないためには、ピーッと鳴ると同時に、**鼻呼吸をしてから、落ち着いてゆっくりとはっきりした口調でしゃべる**ことが大切になってきます。

その際のポイントは、**自分の会社名、自分の名前、そして用件を手短に話す**こと。

たとえば、次のようにです。

「□□□□の○○○○です。新商品のリーフレットの納期の件で連絡させていただきました。また改めてこちらからかけなおします」
「□□□□の○○○○です。今日は新サービス導入の件でお電話させていただきました。また後日かけさせていただきます。失礼します」

どうです。これなら、たとえ20秒という制限時間があっても、余裕を持ってしゃべれますよね。

相手も「なるほど、こういう用件で連絡をくれたんだな」と瞬時にメッセージの内容が確認・把握できます。

とくに用件はコンパクトであればあるほどベターです。新商品のリーフレットの納期が早まろうが、少し遅れようが、そんなことは二の次でいいのです。相手に「納期の件だな」ということが伝わればそれでいいのです。

つまり、留守電のメッセージを再生したとき、相手にストレスを感じさせないことが、声と話し方の最大のコツなのです。

電話応対での声と話し方の応用3

電話で要件をお願いするときはキーワードに注意

「先日、見積書を提出させていただきましたが、あの予算でご検討していただけますでしょうか」

「先日、新しいサービス案内のリーフレットをお持ちしましたが、前向きにご検討していただけましたでしょうか」

このように催促を兼ねて、電話で何かとお願いすることも多々あると思います。

そういうとき、あなたは「大丈夫かなぁ」「相手が難色を示したらどうしよう」と考えながら、しゃべってはいませんか。

しかし、それだと不安感が声にも現れ、オドオドした口調で小さな声になってしまいます。そのせいでうまくいく話もうまくいかなくなってしまう……なんていうこともあります。

そこで電話でお願いするときこそ、最良の声を生かすように心がけてほしいのです。

その場合、まず、**ゆっくりとやわらかい口調でしゃべり、語尾はなるべく上げる**ことを意識しましょう。「いただけましたでしょうか」の「か」を発するとき、いかにもお願いしているというニュアンスを醸《かも》し出すようにするのです。

もう1つは、**大事なキーワードはややトーンを高くして、大きめの声でしゃべる**こと。

先の例文で言うと、太文字の箇所を強めに発するようにするのです。

「先日、見積書を提出させていただきましたが、**あの予算でご検討**していただけますでしょうか」

「先日、新しいサービス案内のリーフレットをお持ちしましたが、**前向きにご検討**していただけましたでしょうか」

すると、「あの予算」「前向きに」「ご検討」というあなたの発したフレーズが強く印象に残り、相手もあなたと真剣に向き合わざるを得なくなります。

これだけのことでも、自分のペースに引き込めるようになり、最良の結果に向かって、次のステップへと話が進められるようになるはずです。

電話応対での声と話し方の応用4

アポイントを取るときはキーワードを二者択一にする

大事なキーワードはややトーンを高くして、大きめの声でしゃべる。このテクニックは電話でアポイントを取りつけるときにも応用できます。

ただし、

「**来週の水曜日**はいかがです?」

「ご都合が悪いですか?　では、**木曜日**はどうです?」

「木曜日もダメですか……。金曜日は自分も予定が詰まっているので、それならば**来週の**

月曜日はいかがでしょう?」

「エッ? 月曜日もダメですか? では、**翌日の火曜日**は?」

という話の進め方はダメ。

曜日という大事なキーワードを大きめの声で口にしても、会話の主導権は曜日が指定できる相手にあるからです。

しかし、話し方しだいで会話の主導権を自分が握れる裏技があります。

それは、**相手に二者択一を提案し、その部分のキーワードを大きめの声でしゃべる**ことです。

「お会いする日時ですが、**今週と来週**とでは、どちらがご都合よろしいですか?」

「来週ですね。来週でしたら、**水曜日と木曜日**とでは、どちらがよろしいですか?」

「木曜日ですね。木曜日は**午前と午後**とでは、どちらがよろしいですか?」

「木曜日の午後ですね。午後は**早い時間帯と遅い時間帯**、どちらにいたしましょうか?」

このように、二者択一を提案しながら、どんどん絞り込んでいけば、会話の主導権は完全に自分に移行。基本的に相手は「あっちではなくこっち」で返答せざるを得なくなります。同時に、相手にとっても自分にとっても、頭の整理がつくため、冷静になってスケジュールの確認がしやすくなります。

ただし、「どっちにするんだ」といったような迫るような言い方、問い詰めるような言い方はダメ。それだと逆効果となり、かえって相手は引いてしまいます。

したがって、基本はゆっくりとやわらかい口調でしゃべり、二者択一のキーワードの部分だけ、ややトーンを高くして、明るく大きめの声でしゃべるようにしてください。

そうすれば、あれほど「アポイントが取れない」といって悩んでいた状況が自分でもびっくりするくらい好転していくようになるでしょう。

電話応対での声と話し方の応用5

お礼を言うときはキーワードを丁寧に発声する

「取引先の担当者からお歳暮（お中元）を頂戴《ちょうだい》した」

「勉強会で知り合ったAさんがキーマンとなるBさんを紹介してくれた」

SNSやメールが急速に普及しているものの、こういうときお礼の気持ちを電話でいち早く伝えたいものですよね。

実は電話でお礼の言葉を口にするときにも、ちょっとしたテクニックがあります。

まず、声の出し方ですが、メインフレーズとなる「ありがとうございます」は開口形なので、そこを意識して**やわらかくできるだけゆったりと、丁寧な口調でしゃべる**ようにしてください。

「本当にうれしい」「ありがたい」という気持ちを込めれば、相手の琴線《きんせん》に触れること間違いなしです。

次に、**大事なキーワードを大きめの声でしゃべる**テクニックをここでも用いるようにしましょう。

たとえば、取引先の担当者からお歳暮（お中元）をいただいたり、勉強会で知り合ったAさんがBさんを紹介してくれたら、次のように太文字の箇所を強めに発するようにするのです。

「このたびは、**けっこうなクッキー**を頂戴しましてありがとうございました。部署の仲間は**みんな甘いモノが大好き**で、とても喜んでおります」

「このたびはBさんをご紹介いただきましてありがとうございます。**Aさんと同じようにとても誠実**な方ですね」

そうすれば、相手も何に対するお礼かが、瞬時に認知・理解できます。ましてや、丁寧な口調でそう言われれば、誠意を感じないではいられなくなります。

その観点から言うと、活字（ＳＮＳやメール）よりも声のほうが、時には良好な人間関係を築くための有効なコミュニケーション・ツールとなりうるのです。

電話応対での声と話し方の応用6

謝罪するときは、あえて喉を詰まらせていい

クレームに対応するときは、鼻呼吸をすることで、心を落ち着かせ、相手の半分くらいのテンポでしゃべるようにする。声のトーンもいつもよりも少し低めがいいということを述べました。

では、電話でクレームに対応したり、謝罪するときはどうなのでしょう。

基本はもちろん同じですが、少しばかり勝手が違う部分があります。

それは、このときばかりは「語先後礼」にとらわれず、**電話口で深々と頭を下げながら「申し訳ございませんでした」と謝る**ようにすることです。

こう言うと、あなたは「頭を下げながらしゃべると、声（喉）が詰まってモゴモゴしてしまうではないか」「最良の声が出せなくなるではないか」と反論するかもしれません。

でも、そこがミソ。**あえて声（喉）を詰まらせる**ようにするのです。

対面で謝罪するのと違って、電話口では相手の顔が見えません。ものすごい剣幕でがなり立てる人もいれば、言うことだけ言って黙り込んでしまう人もいます。問題なのは後者の人。どういう表情をしているのか、皆目見当がつきません。そうなると、ひたすら謝罪の意を表明するしかありません。

したがって、見えない相手に対しては、「本当に申し訳ないことをしました。心から反省しています」という気持ちをくみ取ってもらうためにも、電話口で深々と頭を下げることで、声（喉）を詰まらせたほうがいいのです。

ただし、口ごもり口調でしゃべったり、「すみません」「すみません」を連発したり、早口は厳禁。繰り返し言いますが、相手よりもスローテンポでいつもよりも低めのトーンでしゃべること。

言い換えると、この場面では自分にとっての最良の声を出す必要はないのです。

最良の声よりも大切なのは、いかに誠意を持って謝罪するかなのです。その観点から言えば、このときばかりは詰まった声こそが、最良の声なのかもしれません。

電話応対での声と話し方の応用7

クレームを言うときは低めのトーンで淡々と

あなたは電話でクレームを言うとき、どんな口調でしゃべりますか。

「あれほど言ったのに、このリーフレット、誤字脱字が直っていないじゃないか。これじゃあ、使いものにならない。どうしてくれるんだ！」

「あれだけ、納期を守ってくれって言ったじゃないか。なのに、なぜこんなに遅れたんだ！」

このように感情的になってがなり立てるような言い方をしていませんか。

しかし、それだとあなたの声は耳障りな周波数となって、相手も聞き取りづらくなるだけではなく、何よりも自分の喉を締めつけ、声帯を痛めることになります。

そう、カラオケで大声を出して歌うと声が枯れてしまうのと同じような症状が起きてしまうのです。

では、電話でクレームを言うときは、どういった点に注意を払えばいいかと言うと、まず鼻呼吸をして、なるべく感情を落ち着かせることが先決です。

そのうえで、こちらがいかに困るか、被害をこうむるかを、相手に理解・共感してもらえるような言い方をするのです。

そのためには、**低めのトーンで淡々とした口調でゆっくりとしゃべる**といいのです。

ただし、**「ここは重要」という部分は少し強めの口調で言う**ことも大切で、例文を出すと、次のような感じになります。

「週末のイベントでこのリーフレットを配ると、何度も言いましたよね。誤字脱字が直っていない以上、このままではこの**リーフレットが配れません**。何か**対処策**を考えていただけますか。５０００部とは言いません。とりあえず**５００部あればいい**ので……」

こう言えば、相手の脳裏には「リーフレットが配れない」「対処策」「５００部あればいい」というキーワードが焼きつきます。

それによって、最善の方策をとるにはどうすればいいかといったことを考える余裕も生まれ、可能な範囲で解決処理にあたってくれるはずです。

また、問題が解決したあとも、お互い気まずい思いをしないですみます。

むしろ、ペナルティにどうやって対応するかを考えてくれるようになり、信頼関係がそこなわれることもないはずです。

電話応対での声と話し方 まとめ

あなただけでなく、会社のイメージも電話を受けた人の印象で決まる

この章の最後に、電話を受けるときの注意点についても触れておきましょう。

私は会社のイメージというものは、良くも悪くも、電話を受けた人の声の印象で決まってしまうと考えています。いや、その会社は景気がいいのか悪いのかがわかってしまうと言っても、言い過ぎではないかもしれません。

これはフリーで編集の仕事に携わっている知人から聞いた話ですが、ひと昔前まで、べ

ストセラーを連発している出版社があり、電話をかけると、どの編集者も明るい声、元気・活気のある声で電話に出たと言います。

ところが、ヒット作がほとんどなくなった今、どの編集者も暗く覇気のない声で電話に出るようになったらしいのです。

ヒット作に恵まれなくなったこと。暗く覇気のない声で電話に出ること。どちらも直接つながってはいませんが、遠因にはなっているのでしょう。

ただし、これは業種・職種によってまちまちです。

たとえば、葬儀屋さん。「はい！　○○葬祭でーす!!」と、威勢よく元気な声で電話に出たりはしませんよね。

逆に、活気・熱気を帯びている居酒屋は「はい……。串焼き屋○○です……」と、暗く沈んだ声で電話には出ませんよね。

このように、業種・職種によって異なってくるのですが、通常のオフィス、あるいは比較的静かなオフィスであれば、**「はい」というときは、少し大きめの声で電話を受け、その後は普通のトーンでできるだけ落ち着いた口調でしゃべる**ようにすることが大切です。

一方、お客様の出入りが激しいスポーツジムや飲食店のようなところで働く人は、落ち着いた口調よりも、**明るくハリのある元気な声で「はい」と電話を受け、その後も同じくらいのトーンで、明るくハキハキとした口調でしゃべる**ことをお勧めします。

とくに注意を払っていただきたいのが、第一声の「はい」。**「はい（HAI）」は閉口形なので、口角を上げ、笑顔で発する**ことを忘れないようにしてください。

また、急に電話がかかってきても、冷静に対応できるように、最初に口にする言葉（常套語）を定型文としてあらかじめ決めておくのもいいでしょう。

「はい！　営業2課です。〇〇〇〇（自分の名前）が承ります」「はい！　フロントです。〇〇（自分の名前）が承ります」といったような定型文をあらかじめ用意しておけば、戸惑うこともありません。

さぁ、あとは実践あるのみです。電話を受けた瞬間のあなたのその声こそが、会社の顔そのものであることを忘れないようにしてください。

おわりに

あなたは喉の調子が悪いとき、いつもどんなケアをしていますか。

うがい薬を使ってうがいをする……。

のど飴《あめ》をなめる……。

喉の乾燥を防ぐために、寝る前にマスクをつける……。

いろいろ挙げられますよね。


実は、もう1つ大切なことがあります。

そのことをお話しする前に、あなたにお尋ねしますが、商談の直前、プレゼンの直前、大事な会議で発言しなければならない直前、面接を受ける直前、どんな飲みものを口にしますか？

水？　コーヒー？　紅茶？　日本茶？　ウーロン茶？　それとも炭酸飲料？

どれも、日常、口にしがちな飲みものですよね。でも、この中に1つだけNGのものがあります。それは何だと思いますか。

ここで、私の失敗体験談をお話ししましょう。

私が東京音楽大学に入学して、初めて声楽のレッスンを受けようとしたときのこと。この日は1回めの歌のレッスンということもあって、朝から緊張していて、いつも通りに何げなくウーロン茶ばかり飲んでいました。

レッスン室に入り、前の方が先生のレッスンを受けているときも、緊張のあまりペットボトルのウーロン茶をグビグビ……。

それもそのはず。その先生は栗林義信さんという声楽界では知らない人はいないバリトン歌手の超重鎮であったからです。

そして、いよいよ自分の番がやってきたので、最後にもう一度、ペットボトルを口にした瞬間、事件は起きました。

「バカモノ〜!!」という栗林先生の大声が飛んできたのです。

一瞬、何が起きたか、私にはわかりませんでした。しかし、よく見ると、先生はペットボトルに入ったウーロン茶を指さしているではありませんか。

そう。これがいただけなかったのです。

このとき、私も初めて知ったのですが、歌う直前や人前で話す直前は、喉を一番いい状態にしておかなければなりません。これからプロとしてやっていこうとするのですからなおさら当然のことです。

実は、ウーロン茶はその大敵だったのです。

ウーロン茶はコーヒーや炭酸飲料などに比べると健康的なイメージがありますよね。でも、それは中華料理等の脂っぽい料理を食べたときに、口の中の脂っぽさを取ってスッキリさせてくれる効果があるからであって、そうでないときにウーロン茶を飲むと、喉にある粘膜を洗い流し取ってしまうため、喉がカサカサになってしまうのです。

だから、歌う直前や人前で話す直前は絶対に飲んではいけない。

そのことを私は初めて知ったというわけなのです。

あなたも同じです。商談の直前、プレゼンの直前、大事な会議で発言しなければならない直前、あるいは面接を受ける直前にウーロン茶を口にすると、喉がカサカサになり、自分にとっての最良の声が出せなくなります。

これに「緊張」が加わるとどうなるか。いくら腹式呼吸を心がけても、発音が不明確になり、相手からすれば聞き取りづらくなるのは目に見えています。

それだけではありません。喉がカサカサになれば、当然、喉が渇《かわ》きます。喉が渇けば、水を飲みたくなります。

セールスパーソンが商談の最中に水をガブガブ飲んでいたら、相手はどう思うでしょう。話の趣旨・内容よりも、セールスパーソンの行動に意識がいってしまい、まとまる話もまとまらなくなってしまうかもしれません。

これとは対照的なのが、私がプルデンシャル生命にいたときに大変お世話になったT支社長です。

プルデンシャル生命には、優秀な保険のセールスパーソンになってもらうためではなく、社会人として転職活動をするときなどに人として大切な考え方やあり方などを教えてくれる、ＣＩＰ（キャリア・インフォメーション・プログラム）という特別なセッションがあります。

私もここで2時間×3回の時間をかけて、人生を一度立ち止まっていろいろなことを考える機会を与えていただきました。そして、私の人生を大きく好転させてくれたのがTさんでもありました。

そのTさんは支社長としてそのCIPの講師を1日に何度も務めていました。

そんなあるとき、Tさんから「島ちゃん、セッション中に喉が痛くなるときがあるんだよ。どうしてかなぁ?」という相談を受けました。念のため、「セッションの直前やセッションをやっている最中、いつも何をお飲みになっていらっしゃいますか?」と尋ねると、「ウーロン茶」という答えが返ってきました。

そこで、私自身の体験談をお話しすることで、飲みものを替えるようにアドバイスをさせてもらいました。すると、翌日からさっそくセッション中は別の飲みものを口にされるようになり、長時間、話をしても喉が痛くならなくなったそうなのです。

それだけではありません。パフォーマンスもさらに上がり続けて、社内コンテストでも上位入賞を果たすまでにいたったのです。

ですから、あなたも人前でしゃべる直前は、ウーロン茶を飲むのは控え、それ以外の飲みものを口にしませんか（ウーロン茶以外でしたら、どんな飲みものでもかまいません）。ウソか本当か、試しにカラオケに行ったときにでも、ウーロン茶を飲んだあとと、別のドリンクを飲んだあとの、声の出具合をテストしてみてください。前者と後者とでは、喉の渇き具合・声の出具合がまったく違うことに気づかされるはずです。

最後に、私からあなたにプレゼントがあります。
それは「プリティ」という言葉です。
プリティは直訳すると「かわいらしい」「かれんな」という意味になりますが、実はもう1つ「賢い」「一番」という意味があります。

プリティ＝一番。

私は北海道から沖縄まで全国の小・中・高で児童生徒たちに合唱の指導をするとき、この「プリティ」という言葉を、握り拳を高く上げながら大きな声で復唱してもらうようにしています。

その根底には、金賞という上限の決められたものを目指すのではなく、感動という限界のないものを目指して生き生きと活動してほしい思いがあるからです。

そういうこともあって、この言葉を生徒たちが唱え続けると、「コンクールで圧倒的な感動の演奏を届けるぞ」「今、自分が持てる最高のパフォーマンスをするぞ」という気持ちが強くなり、士気がどんどん高まっていくのがわかります。

そして、このプリティの復唱は合唱のみならず、仕事で大きな成果を出すための発声練習にももってこいです。

「プ」（ＰＵ）は開口形ではあるものの、そのあとに続く「リティ」（ＲＩＴＥＩ）はすべて閉口形ですよね。ということは、口角を上げ、表情筋を使い、にっこりとした表情で穏やかに口にするのが最適ということになります。

ですから、心が凹んだとき、つらいとき、物事がうまくいかないとき、スランプに陥ったとき、挫折《ざせつ》して失望と落胆の念にかられそうになったとき、このプリティを呪文《じゅもん》のように、笑顔で何度も口にしてもらいたいのです。

プリティ、プリティ、プリティ……。

すると、だんだんと元気になります。モチベーションのスイッチもオンに切り替わるようになります。

さぁ、そのときこそ、自分にとって最良の声を生かすチャンス！

声が変われば心も変わる。

その結果、自分でも驚くほどの成果を出すことができ、「私って、ここまでできるんだ」ということを実感することでしょう。

そして、声が変われば……人生が変わるのです！

〈著者プロフィール〉

島田康祐（しまだ・こうすけ）

北海道札幌市出身、1980年生まれ。発声コンサルタント、ボイスメンタルサポート代表。東京音楽大学音楽学部音楽学科（声楽専攻）卒業。聖徳大学大学院音楽文化研究科音楽表現専攻（声楽）修了。

大学院修了後、NHK新規受信料開拓営業に従事。その後、プルデンシャル生命保険株式会社に入社。フルコミッション営業マンとして活躍後、約10年間の営業経験を生かして2015年に起業し、ボイストレーニング事業をメインとしたボイスメンタルサポートを設立。

学生時代に独自に考案した「ぐんぐんよくなる基礎発声」を用いて、北海道から沖縄まで全国各地の小・中・高の合唱部を中心に指導。コンクール参加のレッスン校の県大会入賞率は100%を継続中。その指導方法は完全オーダーメイド方式で行われ、「短時間で心も成長させる理想的な教育指導」と各方面から絶賛され、全国各地からクチコミで依頼が殺到。

その一方で、経営者やビジネスパーソンを対象とした「本来の声と心の状態で自分らしく話す方法」の個別指導を行い、「声の出し方を変えたことがきっかけで、営業成績最下位だったのがトップになった」「声の出し方を変えただけで、億の商談をまとめることができた」という人を多数輩出させている。こうした実績が評価され、経営者やビジネスパーソン以外にも、議員・医師・弁護士・税理士・社労士・教師・就活生からの個別指導の依頼があとを絶たない。

現在は、大手保険会社をはじめとする企業研修やセミナー、各種講演でも講師も務め、「すぐに効果が出るボイスメンタルトレーニング」をさまざまな体験談を交えた笑いの絶えない講演で、業界を問わず大好評を得ている。

●この本のご意見・ご感想などありましたら、ご連絡いただけると幸いです。
shimada.kosuke7@gmail.com（メールはすべて読ませていただきます）

編集協力／倉林秀光（おふぃすラポート）
ブックデザイン／小口翔平＋上坊菜々子＋山之口正和（tobufune）
本文イラスト／シライカズアキ
本文レイアウト・図版／白石知美（株式会社システムタンク）

話し方は「声」で変わる

2017年12月1日　初版発行

著　者　島田康祐
発行者　太田　宏
発行所　フォレスト出版株式会社
〒162-0824 東京都新宿区揚場町2-18　白宝ビル5F
電話　03-5229-5750（営業）
03-5229-5757（編集）
URL　http://www.forestpub.co.jp

印刷・製本　中央精版印刷株式会社

ISBN978-4-89451-781-3　Printed in Japan
乱丁・落丁本はお取り替えいたします。